高职高专经济管理类创新教材

# 集装箱运输实务

李飞诚　蒋柳红　主　编
袁珂娜　戴　璐　罗庆超　副主编

清华大学出版社
北　京

## 内 容 简 介

本书选取企业工作任务，融入课程思政，包括上岗准备、出口业务和进口业务三个模块，涵盖集装箱货物运输进出口主要业务环节。在每个任务中，"岗位描述"介绍企业岗位工作的具体要求；"能力需求"明确读者要完成的工作任务，以及需要具备的知识和能力；"课前案例"以具体的案例引入学习内容；"业务知识"讲解岗位所需的知识。最后，读者通过完成两项由浅入深的学习性工作任务，掌握业务技能，并通过"课后测试"巩固所学知识。

本书适合国际商务、货运代理等相关专业高职学生和相关从业人员学习使用。

本书封面贴有清华大学出版社防伪标签，无标签者不得销售。
版权所有，侵权必究。举报：010-62782989，beiqinquan@tup.tsinghua.edu.cn。

图书在版编目(CIP)数据

集装箱运输实务 / 李飞诚，蒋柳红主编 . —北京：清华大学出版社，2023.8
高职高专经济管理类创新教材
ISBN 978-7-302-64458-3

Ⅰ. ①集… Ⅱ. ①李… ②蒋… Ⅲ. ①集装箱运输－高等职业教育－教材 Ⅳ. ① U169

中国国家版本馆 CIP 数据核字 (2023) 第 144491 号

责任编辑：施　猛　王　欢
封面设计：常雪影
版式设计：方加青
责任校对：马遥遥
责任印制：丛怀宇

出版发行：清华大学出版社
　　　　　网　　　址：http://www.tup.com.cn，http://www.wqbook.com
　　　　　地　　　址：北京清华大学学研大厦 A 座　　　邮　　编：100084
　　　　　社 总 机：010-83470000　　　　　　　　　　邮　　购：010-62786544
　　　　　投稿与读者服务：010-62776969，c-service@tup.tsinghua.edu.cn
　　　　　质 量 反 馈：010-62772015，zhiliang@tup.tsinghua.edu.cn
印 装 者：三河市人民印务有限公司
经　　销：全国新华书店
开　　本：185mm×260mm　　　印　　张：9.75　　　字　　数：214 千字
版　　次：2023 年 9 月第 1 版　　印　　次：2023 年 9 月第 1 次印刷
定　　价：49.00 元

---

产品编号：096293-01

# 前　言

集装箱运输始于20世纪50年代，20世纪60年代开始国际标准化，20世纪70年代产生国际多式联运。集装箱运输具有标准化、高效率、低成本、国际化特征，被称为"20世纪运输界的一场革命"，成为现代海洋运输的重要形式，是国际物流的重要组成部分。

目前，中国经济持续健康增长，集装箱运输产业发展已跻身世界前列。党的二十大报告明确提出，推进高水平对外开放，稳步扩大规则、规制、管理、标准等制度型开放，加快建设贸易强国。可以预见，高水平对外开放和建设贸易强国的目标将不断扩大集装箱运输的需求，促进集装箱运输产业的高速发展，从而增加产业对掌握各个环节国际操作惯例、懂得"规则"的高素质从业人员的需求。

本书理论结合企业实际业务操作，以强化业务技能为出发点，以适应企业对货运代理人才的需求为着力点，结合物流管理"1+X"证书和货运代理世界技能大赛中有关集装箱运输的内容要求进行编写。本书坚持理论与实践相结合的原则，对接企业实际用人需求，把培养学生的专业核心能力、职业核心能力与专业素养结合起来，特别注重技能训练，根据企业实际业务设计若干工作任务，读者通过适当的理论学习，在教师的指导下完成这些工作任务，从而掌握和巩固业务技能。

集装箱运输业务是一项涉外业务，涵盖国际贸易、结算、运输、国际公约等内容，本课程是一门以经济全球化为时代背景、国际化元素丰富的课程。本书抓住"涉外"这个特点，挖掘密切相关的课程思政元素，融入教学内容，可增强读者大国自豪感，塑造自信品格，提高强国意识感，培养担当精神，强化责任使命感，养成敬业品质，从而培养具有国际视野、掌握集装箱运输从业技能、德才兼备的社会主义建设者和接班人。

编者在编写本书的过程中，借鉴了一些资料，在此向相关作者表示感谢。限于编者水平，本书难免存在不妥之处，敬请广大读者提出宝贵意见。

反馈邮箱：wkservice@vip.163.com。

编者<br>2023年1月

# 目　录

**模块一　上岗准备** ............................................................................ 1

任务一　贸易术语 ................................................................................ 2
任务二　贸易结算 ................................................................................ 8
任务三　运输保险 .............................................................................. 18
任务四　认箱识箱 .............................................................................. 25
任务五　匹配箱货 .............................................................................. 34
任务六　线路规划 .............................................................................. 40
任务七　运费计算 .............................................................................. 46
任务八　海运提单 .............................................................................. 52

**模块二　出口业务** ........................................................................ 61

任务一　船期选择 .............................................................................. 62
任务二　询价报价 .............................................................................. 68
任务三　箱容利用 .............................................................................. 73
任务四　托运订舱 .............................................................................. 80
任务五　空箱提取 .............................................................................. 89
任务六　货物装载 .............................................................................. 97
任务七　出口报关 ............................................................................ 103
任务八　填制提单 ............................................................................ 112

**模块三　进口业务** ...................................................................... 121

任务一　代理报价 ............................................................................ 122
任务二　提货业务 ............................................................................ 130
任务三　货损处理 ............................................................................ 141

**参考文献** .................................................................................... 148

# 模块一
# 上岗准备

任务一　贸易术语

任务二　贸易结算

任务三　运输保险

任务四　认箱识箱

任务五　匹配箱货

任务六　线路规划

任务七　运费计算

任务八　海运提单

# 任务一　贸易术语

## 岗位描述

在国际贸易中，外贸业务员要根据业务实际情况合理选择成交术语，以规避风险，顺利完成业务。当出现业务纠纷时，业务员应能够根据成交术语的国际解释惯例合理解决问题。

## 能力需求

你需要掌握：

1. 贸易术语相关的国际惯例有哪些？
2. 《国际贸易术语解释通则》主要有哪些内容？
3. 不同贸易术语有何差别？使用时要注意什么？

## 课前案例

2020年，中国出口公司A与国外公司B签订一份大豆购销合同。合同具体规定了大豆的水分、杂质等条件，以中国商品检验局证明为最后依据；单价为每公吨150美元，FOB天津港，麻袋装，每袋净重100千克，买方必须于2020年8月派船只接运货物。然而，B公司延误数月才派船来华接货。大豆装船交货，运抵目的地后，B公司发现大豆生虫，于是委托当地检验机构进行检验，并签发了虫害证明。A公司接到对方索赔请求后，一方面拒绝赔偿，另一方面要求对方支付延误时期A公司支付的仓储保管费及其他费用。另外，保存在商检机构的检验货样至争议发生后仍然完好，未发生虫害。

(1) 这批货物的风险自何时起由卖方转移给买方？

(2) B公司的索赔请求能否成立？为什么？

(3) A公司要求B公司支付延误时期的大豆仓储保管费及其他费用能否成立？为什么？

_____
_____
_____
_____

| 项目 | 互评 | 师评 |
| --- | --- | --- |
| 等级A/B/C/D/E | | |
| 评价人 | | |

综合评价等级：_____

## 业务知识

### 一、贸易术语相关国际惯例

在国际贸易业务实践中,由于各国法律制度、贸易惯例和习惯做法不同,对各贸易术语的解释与运用互有差异,故而容易引起贸易纠纷。为了避免各国在贸易术语解释方面出现分歧和引起争议,有些国际组织和商业团体便分别就某些贸易术语做出统一的解释与规定,如表1-1所示。

表1-1 主要国际贸易术语惯例

| 国际贸易术语惯例 | 内容 | 制定者 |
| --- | --- | --- |
| 《1932年华沙—牛津规则》 | 该规则只对CIF做了解释,但其解释有一定的代表性 | 国际法协会 |
| 《1941年美国对外贸易定义修订本》 | 共有6种术语,在美洲有一定的影响力 | 美国商会 |
| 《国际贸易术语解释通则2020》 | 2010版有11种贸易术语<br>2020版有11种贸易术语 | 国际商会 |

### 二、国际贸易术语解释通则2020

2020年1月1日生效的《国际贸易术语解释通则2020》将贸易术语归为两组,即适用于任何运输方式或多种运输方式的术语和仅适用于海运及内河运输的术语。《国际贸易术语解释通则2020》的贸易术语种类与《国际贸易术语解释通则2010》保持一致,依然保留11种术语,但改变了《国际贸易术语解释通则2010》中D组的一种术语,即将DAT改为DPU。

解释贸易语的三个国际贸易惯例

#### (一)《国际贸易术语解释通则2020》的使用

(1)《国际贸易术语解释通则2020》的贸易术语并不是自动适用于贸易合同,合同当事人要适用《国际贸易术语解释通则2020》的规定,应当在合同中清楚具体地说明,如"所用术语,适用于《国际贸易术语解释通则2020》"等语句。

(2) 传统的国际贸易术语解释通则只在国际销售合同中使用,此种交易货物运输都需跨越国界。在世界许多地区,商业集团(如欧盟)使得不同国家间的过关手续不再重要。所以,《国际贸易术语解释通则2020》正式认可所有的贸易规则既适用于国内交易也适用于国际交易。

#### (二) 适用于任何运输方式的术语

《国际贸易术语解释通则2020》将适用于任何运输方式的术语分为一组,具体包括EXW、FCA、CPT、CIP、DAP、DPU、DDP七种术语。

适合任何运输方式的7种术语

#### (三) 仅适用于海运及内河运输的术语

《国际贸易术语解释通则2020》仅适用于海运及内河运输的术语包括FAS、FOB、CFR、CIF四种。

(1) 船边交货(free alongside ship,FAS)。船边交货(指定装运港)是指卖方在指定的装运港将货物交到买方指定的船边，即完成交货。买方必须承担交货后货物灭失或损坏的一切风险。双方当事人应尽可能明确指定装运港的装载点，因为抵达装载点之前的风险和费用是由卖方承担的，并且与货物装卸有关的费用可能因港口惯例不同而不同。FAS要求卖方将货物交到船边或者获取已装船货物。

当货物装载于集装箱内运输时，典型的做法是卖方在堆场将货物交给承运人，而不是在船边交付。在这种情况下，使用FAS术语不是很恰当，应该使用FCA。FAS要求卖方办理出口清关，但是，卖方没有义务办理进口清关，支付任何进口税或办理任何进口报关手续。

(2) 船上交货(free on board，FOB)。FOB 即船上交货(指定装运港，insert named port of shipment)，它是指卖方在指定的装运港将货物装到买方指定的船上，或者设法获取已装船货物，卖方即完成交货。卖方承担货物装上船为止的一切风险，买方承担货物自装运港装上船后的一切风险。

FOB不适用货物在装船前已经交给承运人的情形，如集装箱货物，典型的做法是在堆场将货物交给承运人。在这种情况下，使用FOB术语不是很恰当，应该使用FCA。FOB要求卖方办理出口清关，但是，卖方没有义务办理进口清关，支付任何进口税或办理任何进口报关手续。

(3) 成本加运费(cost and freight，CFR)。CFR 即成本加运费(指定目的港，insert named port of destination)，它是指卖方在指定的装运港将货物装上船，或者设法获取已装船货物，即完成交货。卖方负责订立运输合同，支付将货物运至指定的目的港所需的运费和其他费用。

在CFR术语下，卖方将货物交付给承运人时便已经履行交货义务，而不是在货物抵达目的地时才算履行交货义务。CFR术语有两个关键点，风险转移点在装运港，费用划分点在目的港，两者地点不同。双方当事人应尽可能准确地确定货物风险转移的交付地点和运输合同指定的目的地。如果通过多个承运人将货物运至约定目的地，则风险自货物交给第一承运人时转移。CFR不适用货物在装船前已经交给承运人的情形，如果是集装箱货物，典型的做法是在堆场将货物交给承运人。在这种情况下，使用CFR术语不是很恰当，应该使用CPT。

(4) 成本、保险费加运费(cost insurance and freight，CIF)。CIF即成本、保险费加运费(指定目的港，insert named port of destination)，它是指卖方在指定的装运港将货物装上船，或者设法获取已装船货物，即完成交货。卖方负责订立运输合同，支付将货物运至指定目的港所需的运费和其他费用。卖方还应就买方对货物在运输途中的灭失或损坏的风险安排投保。买方应注意到，CIP只要求卖方投保最低限度的保险险别，如买方需要更高的保险险别，则需要与卖方明确达成协议，或者自行做出额外的保险安排。

主要贸易术语

主要贸易术语的差异比较

贸易术语2020对照表

# 工作任务(一)

扫码获取业务资料,完成工作任务。

工作任务(一)
背景资料

<br><br><br><br><br><br><br><br><br><br><br><br><br><br>

**任务完成情况评价表**

(模块一 任务一 工作任务一)

| 项 目 | 等 级 | 自评等级 | 互评等级 | 师评等级 |
|---|---|---|---|---|
| 业务知识掌握全面 | A/B/C/D/E | | | |
| 业务分析处理方法得当 | A/B/C/D/E | | | |
| 表达清晰准确 | A/B/C/D/E | | | |
| 业务处理结果正确 | A/B/C/D/E | | | |
| 综合等级:_____ | 重做等级:_____ | (师评等级C以下需重做) | | |
| 任务小结 | | | | |

# 工作任务(二)

扫码获取业务资料，完成工作任务。

## 任务完成情况评价表

(模块一 任务一 工作任务二)

| 项 目 | 等 级 | 自评等级 | 互评等级 | 师评等级 |
|---|---|---|---|---|
| 业务知识掌握全面 | A/B/C/D/E | | | |
| 业务分析处理方法得当 | A/B/C/D/E | | | |
| 表达清晰准确 | A/B/C/D/E | | | |
| 业务处理结果正确 | A/B/C/D/E | | | |

综合等级：_____　　　重做等级：_____　　　(师评等级C以下需重做)

| 任务小结 | |
|---|---|
| | |

## 学以明理

阅读资料

党的二十大报告提出："推动共建'一带一路'高质量发展。优化区域开放布局，巩固东部沿海地区开放先导地位，提高中西部和东北地区开放水平。加快建设西部陆海新通道。加快建设海南自由贸易港，实施自由贸易试验区提升战略，扩大面向全球的高标准自由贸易区网络。有序推进人民币国际化。深度参与全球产业分工和合作，维护多元稳定的国际经济格局和经贸关系。"扫码阅读，谈谈"一带一路"对你家乡经济的促进作用。

_____
_____
_____
_____
_____
_____
_____
_____
_____

| 项目 | 互评 | 师评 |
| --- | --- | --- |
| 等级A/B/C/D/E | | |
| 评价人 | | |

综合评价等级：_____

## 课后测试

知识点自测

# 任务二　贸易结算

## 岗位描述

在国际贸易中，外贸业务员要了解各种结汇方式的流程和优缺点，熟知风险和应对方法，同时能够根据市场行情、客户信誉等因素，合理选择结汇方式。

## 能力需求

你需要掌握：

1. 汇付、托收和信用证三种结汇方式的流程包括哪些环节？
2. 汇付、托收和信用证三种结汇方式各自的优缺点是什么？在业务中应如何选用？
3. 汇付、托收和信用证三种结汇方式的工具是什么？如何填制和使用汇票？

## 课前案例

国外一家贸易公司与我国某进出口公司订立合同，购买小麦500公吨。合同规定，2020年1月20日前开出信用证，2月5日前装船。2020年1月28日，买方开来信用证，有效期至2月10日。由于卖方按期装船发生困难，电请买方将装船期延至2月17日，并将信用证有效期延至2月20日，买方回电表示同意，但未通知开证银行。2020年2月17日，货物装船后，卖方到银行议付时遭到拒绝。请思考：

(1) 银行是否有权拒付货款？为什么？
(2) 作为卖方，应当如何处理此事？

| 项目 | 互评 | 师评 |
|---|---|---|
| 等级A/B/C/D/E | | |
| 评价人 | | |

综合评价等级：_____

# 业务知识

## 一、主要结汇方式

### (一) 汇付

汇付(remittance)是指汇款人将一笔款项交给银行,由银行根据指示汇交给收款人的一种付款方式。汇付有票汇(demand draft,D/D)、电汇(telegraphic transfer,T/T)和信汇(mail transfer,M/T)等形式,目前常用的是电汇。电汇收款迅速,但银行费用较高;信汇费用较低,但收款速度较慢;票汇可以转让,较为灵活。电汇业务流程如图1-1所示。

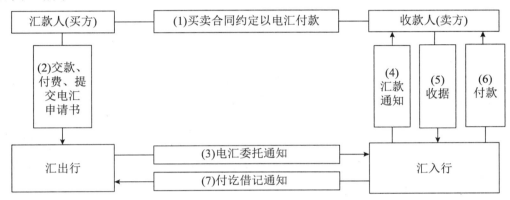

图1-1 电汇业务流程

(1) 买卖双方在合同中约定以电汇方式付款。
(2) 汇款人向汇出行提出电汇申请。
(3) 汇出行拍发电传、电报或SWIFT给汇入行。
(4) 汇入行核对密押后将电汇通知书送达收款人。
(5) 收款人将收款收据盖章,交给汇入行。
(6) 汇入行借记汇出行账户,解付汇款给收款人。
(7) 汇入行将付讫借记通知书寄给汇出行。

### (二) 托收

托收(collection)是由卖方对买方开立汇票,委托银行向买方收取货款的一种结算方式。托收分为光票托收和跟单托收两种。前者只开立汇票委托银行向买方收款,不需要提交任何装运单据,一般用于结算样品费、佣金等小额费用;后者提交汇票时,须同时提交提单、保险单和发票等装运单据。跟单托收可以避免卖方不发货的风险。跟单托收分为付款交单和承兑交单两种。

#### 1. 付款交单

受委托付款的银行必须在买方付清货款以后,才能将货运单据交给买方。付款交单(documents against payment,D/P)的业务流程如图1-2所示。

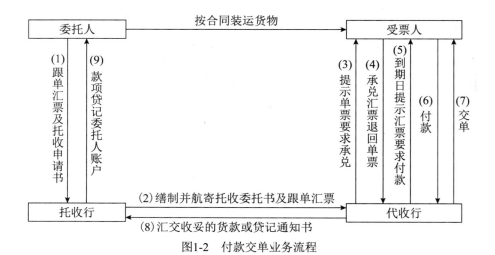

图1-2 付款交单业务流程

### 2. 承兑交单

承兑交单(documents against acceptance，D/A)是指受委托付款的银行在买方承兑汇票之后，将代表货物所有权的装运单据交给买方。

### 3. D/P和D/A比较

D/P在付清货款之前，银行不能将单据交给买方，否则银行需承担付款责任。D/A在买方承兑后银行即可交单，将来买方不履行付款承诺，银行没有付款责任，且D/A通常为远期汇票托收。

汇付和托收

### (三) 信用证

#### 1. 信用证的含义

信用证(letter of credit，L/C)是银行根据进口人(买方)的请求，开给出口人(卖方)的一种保证承担支付货款责任的书面凭证。

#### 2. 信用证的特点

(1) 信用证是独立文件，独立于买卖合同或任何其他合同。开立信用证的基础是买卖合同，但信用证业务是独立的，不受买卖合同履行的影响或约束。

(2) 信用证业务仅限于单据，与实际贸易无关。卖方只要提交符合信用证要求的单据，即可从银行得到货款，而不管贸易合同的执行是否顺利。

(3) 信用证是银行信用，与买方是否履行合同义务无关，卖方风险低。

#### 3. 信用证的业务流程

信用证的业务流程如图1-3所示。

(1) 买卖双方在贸易合同中约定使用跟单信用证支付，买方向当地银行(开证行)申请开立信用证。

(2) 买方向当地银行(开证行)申请开立以卖方为受益人的信用证。

(3) 开证行开立信用证，通知卖方所在地银行(通知行)，通知行向卖方转达信用证。

(4) 卖方收到信用证，并确保其能履行信用证规定的条件后，即装运货物。

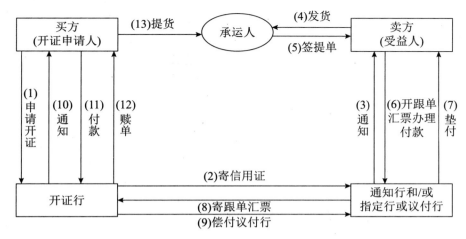

图1-3 信用证的业务流程

(5) 装船完毕,承运人签发已装船提单给卖方。

(6) 卖方向指定银行提交单据。该银行可能是开证行,或是信用证指定的付款、承兑或议付银行。

(7) 该银行按照信用证审核单据。如单据符合信用证规定,银行将按信用证规定进行支付、承兑或议付。

(8) 开证行以外的银行将单据寄送开证行。

(9) 开证行审核单据无误后,以事先约定的形式,对已按照信用证付款、承兑或议付的银行偿付。

(10) 开证行通知买方付款赎单。

(11) 买方付款赎单。

(12) 银行在买方付款后交单给买方。

(13) 买方凭单提货。

### 4. 信用证的主要内容

一份信用证主要包括信用证本身的说明、对货物的要求、对运输的要求、对单据的要求、特殊说明等内容。

信用证样例

## 二、结汇方式选择

不同的结汇方式各有特点,在实际业务中,应根据市场行情、客户信誉等因素,合理选择结汇方式,如表1-2所示。

表1-2 汇付、托收与信用证比较

| 名称 | 操作方法 | 业务种类 | 风险 |
| --- | --- | --- | --- |
| 信用证 | 开证行应开证申请人的要求,向第三人开立载有确定金额、在规定期限内凭符合信用证条款的单据付款的书面保证文件 | 即期信用证 | 银行信用,卖方收款安全性高,费用也较高 |
| | | 远期信用证 | |

(续表)

| 名称 | 操作方法 | 业务种类 | | 风险 |
|---|---|---|---|---|
| 托收 | 出口人在货物装运后，开具以进口人为付款人的汇票，委托银行收取货款 | 光票托收 | | 存在"钱货两空"的风险 |
| | | 跟单托收 | D/P | 消除"钱货两空"的风险 |
| | | | D/A | 仍存在"钱货两空"的风险 |
| 汇付 | T/T，汇出行接受汇款人委托后，以电传方式将付款委托通知收款人当地的汇入行，并解付给指定的收款人 | 电汇 | | 存在卖方不发货或买方提货不付款的风险 |
| | M/T，汇出行向汇入行寄付款委托，所以汇款速度比T/T慢 | 信汇 | | 存在卖方不发货或买方提货不付款的风险 |
| | D/D，汇出行应汇款人的申请，开立汇票，交由汇款人寄给收款人凭票向汇票上的付款人取款 | 票汇 | | 存在卖方不发货或买方提货不付款的风险 |

### 三、结汇工具

国际贸易中常用的结汇工具有三种：汇票、本票和支票。

### (一) 汇票

汇票(bill of exchange or draft)是指一个人向另一个人签发的，要求见票时或在将来的固定时间或可以确定的时间，对某人或其指定的人或持票人无条件支付一定金额的书面支付命令。汇票样单如图1-4所示。

```
                    BILL OF EXCHANGE
Drawn under.      (1)
L/C … No.      (2)
Dated:      (3)
Payable with interest @      (4)      % per annum-
No.      (5)      exchange for      (6)            (7)
At      (8)      sight of this FIRST of Exchange (second of exchange being unpaid)
Pay to the order of      (9)
The sum of      (10)
To:      (11)
                                                    (12)
                                                 (signature)
```

图1-4 汇票样单

汇票的填制要求如下所述。

(1) 出票依据(drawn under)：填写开证行的名称及地址。

出票依据是说明开证行在一定期限内对汇票金额履行保证付款责任的法律依据，是信用证项下汇票不可缺少的重要内容之一。

(2) 填写信用证号码。

(3) 填写开证日期。

(4) 利息(interest)：此栏填写合同或信用证规定的利息率。若没有规定，此栏留空。

(5) 号码(number)：一般填写商业发票的号码。

(6) 小写金额(amount in figures)：一般填写确切的金额数目。

(7) 填写出票日期、出票地址。

(8) 汇票期限(tenor)：应按照信用证规定填写。

即期汇票：at sight。

远期汇票包括以下三种情况。

——定日付款：at on ××(具体日期)，划掉印刷的"sight"。

——出票后定期付款：at ××days after date，划掉印刷的"sight"。

——见票后定期付款：at ××days after sight。

(9) 受款人(payee)：又称收款人，收款人一般是汇票的抬头人，是出票人指定的接受票款的当事人，有时以出口商或以其指定的第三者为受款人，具体包括以下三种情况。

——指示性抬头(demonstrative order)：pay to the order of ×××。

——限制性抬头(restrictive order)：pay to ××× only 或 pay to ××× only, not transferable。

——持票人抬头(payable to bearer)：pay to bearer。

(10) 大写金额(amount in words)：用大写英文表示，并在文字金额后面加上"only"，以防止涂改。信用证小写金额应与大写金额相一致。如："say united states dollars five thousand six hundred only."

(11) 付款人(drawee)及付款地点：汇票的付款人即汇票的受票人，具体分为以下三种情况。

——明确规定有付款人：开证行，打上开证行的名称及地址。

——drafts drawn on applicant(以申请人为付款人的汇票)：应填写该信用证的开证人名称及地址。

——drawn on us(开证行)：应理解"us"为开证行名称及地址。

(12) 出票人签字(signature of drawer)。出票人(drawer)即签发汇票的人，在进出口业务中，出票人通常是出口商(即信用证的受益人)。汇票的出票人栏目一般打上出口商的全称，按照来证打，必须与商业发票一致，并由出口商经理签署或盖章。汇票必须注明出票地点，确定以哪个国家的法律为依据。

## (二) 本票

本票(promissory note)是指一个人向另一个人签发的，保证于见票时或定期或在可以确定的时间，对某人或其指定人或持票人无条件支付一定金额的书面承诺。简言之，本票是出票人对收款人承诺无条件支付一定金额的票据。

## (三) 支票

三种支付工具

支票(cheque；check)是以银行为付款人的即期汇票，即存款人对银行无条件支付一定金额的命令。出票人在支票上签发一定的金额，要求受票的银行于见票时立即支付一定金额给特定人或持票人。

# 工作任务(一)

扫码获取业务资料,完成工作任务。

工作任务(一)
背景资料

_____
_____
_____
_____
_____
_____
_____
_____
_____
_____
_____
_____
_____
_____
_____
_____
_____
_____
_____
_____

## 任务完成情况评价表

(模块一 任务二 工作任务一)

| 项　　目 | 等　　级 | 自评等级 | 互评等级 | 师评等级 |
|---|---|---|---|---|
| 业务知识掌握全面 | A/B/C/D/E | | | |
| 业务分析处理方法得当 | A/B/C/D/E | | | |
| 表达清晰准确 | A/B/C/D/E | | | |
| 业务处理结果正确 | A/B/C/D/E | | | |
| 综合等级:_____ | 重做等级:_____ | | (师评等级C以下需重做) | |
| 任务小结 | | | | |

## 工作任务(二)

**BILL OF EXCHANGE**

No._____        Dated:_____

Exchange for_____

At_____ sight of this FIRST of exchange(second of exchange being unpaid)

Pay to the order of_____ the sum of_____

Dated_____

Issued by_____

To_____

_____

(signature)

**任务完成情况评价表**

(模块一 任务二 工作任务二)

| 项　　目 | 等　　级 | 自评等级 | 互评等级 | 师评等级 |
|---|---|---|---|---|
| 业务知识掌握全面 | A/B/C/D/E | | | |
| 业务分析处理方法得当 | A/B/C/D/E | | | |
| 表达清晰准确 | A/B/C/D/E | | | |
| 业务处理结果正确 | A/B/C/D/E | | | |
| 综合等级：_____ | 重做等级：_____ | (师评等级C以下需重做) | | |
| 任务小结 | | | | |

## 学以明理

扫码阅读，谈谈你对人民币国际地位提升的看法。

阅读资料

_____
_____
_____
_____
_____
_____
_____
_____

| 项目 | 互评 | 师评 |
|---|---|---|
| 等级A/B/C/D/E | | |
| 评价人 | | |

综合评价等级：_____

## 课后测试

知识点自测

# 任务三　运输保险

## 岗位描述

在国际贸易中，外贸业务员在货物装运前，需要根据我国《海洋货物运输保险条款》的规定，根据货物种类正确选择投保相应险别、计算保费，并能够在货物出险时正确理赔。

## 能力需求

你需要掌握：

1. 我国海洋货物运输保险有哪些险别？
2. 如何根据不同业务需求正确投保？
3. 保险费如何计算？
4. 保险责任如何承担？

## 课前案例

某外贸公司按CIF术语出口一批货物，装运前已向保险公司按发票总值110%投保平安险，2021年6月初，货物装船顺利开航。载货船舶于6月13日在海上遇到暴风雨，致使一部分货物受损，价值为2100美元。数日后，载货船舶突然触礁，致使该批货物又遭到部分损失，价值为8000美元。

请思考：

1. 保险公司是否需要赔偿该批货物的损失？为什么？
2. 作为外贸业务员，你如何计算该笔费用？

| 项目 | 互评 | 师评 |
|---|---|---|
| 等级A/B/C/D/E | | |
| 评价人 | | |

综合评价等级：_____

# 业务知识

## 一、我国海运货物保险条款

我国进出口海上货物运输常用的保险条款，是中国人民保险集团股份有限公司(PICC)制定的《海洋货物运输保险条款》(CIC1981)。

### (一) 基本险别(主险)

海洋货物运输保险条款包括平安险、水渍险和一切险三个基本险别，被保险人可以从中选择一种单独投保。

#### 1. 平安险

平安险(free from particular average，FPA)的承保责任范围包括由于自然灾害造成被保险货物的全部损失和意外事故造成被保险货物的全部损失或部分损失。

#### 2. 水渍险

水渍险(with particular average，WPA)的承保责任范围包括由于自然灾害和意外事故造成被保险货物的全部损失或部分损失。

#### 3. 一切险

一切险(all risks)的承保责任范围包括由于自然灾害、意外事故和一般外来原因造成被保险货物的全部损失或部分损失。

### (二) 附加险别

附加险别不能单独投保，在海运保险业务中，在投保货物基本险的基础上，可根据实际需要，加保若干附加险。附加险有以下几种。

#### 1. 一般附加险

一般附加险主要包括偷窃提货不着险(theft pilferage and non-delivery)、淡水雨淋险(fresh water &/or rain damage)、短量险(risk of shortage)、混杂污染险(risk of intermixture and contamination)、渗漏险(risk of leakage)、破损破碎险(risk of clash and breakage)、串味险(risk of odour)、钩损险(hook damage)、受潮和受热险(damage caused by sweating and heat-ing)、包装破裂险(breakage of packing)、锈损险(risk of rust)。

#### 2. 特殊附加险

特殊附加险是指承保由于军事、政治、国家政策法令以及行政措施等特殊外来原因所引起的风险与损失的险别，主要有战争险、罢工险。

#### 3. 特别附加险

特别附加险包括舱面险(on deckrisk)、进口关税险(import duty risk)、拒收险(rejection risk)、黄曲霉素险(aflatoxin risk)、交货不到险(failure to deliver risk)等。

附加险别解析

### (三) 保险期限

保险责任的起讫遵守"仓至仓条款"，即从被保险货物运离保险单所载明的起运地仓库或储存处所开始运输时生效，包括正常运输过程中的海上、陆上、内河和驳船运输在内，直至该批货物到达保险单所载明目的地收货人的最后仓库或储存处所或被保险人用作分配、分派或其他储存处所为止。需注意，战争险仅限于"水上危险"。

## 二、投保险别的选择

选择险别的原则是能够覆盖货物的风险，同时尽量节省保险费。

### (一) 成本因素

对基本险按保险费用从高到低排序，依次为一切险、水渍险、平安险。在能确保覆盖货物风险的前提下，优先选择保险费用较低的险别，以节约成本。

### (二) 货物风险

不同货物的风险有很大的不同，要根据货物的特点来选择险别。例如钢材，除了容易锈蚀，不易损坏，可以投保平安险+锈蚀险；大米，风险很多，如霉变、淡水雨淋、受热受潮、短量、黄曲霉素超标等，在此情况下，投保一切险比较好，覆盖11种一般附加险。

## 三、保险金额与保险费

### (一) 保险金额

海上运输货物保险的保险金额，是保险人对被保险人承担货物损失赔偿责任的最高限额。在实际保险业务中，通常以货物的价值、预付运费、保险费和预期利润的总和作为计算保险金额的依据，即货物的CIF价格加预期利润。预期利润一般是在货物CIF价格基础上加成10%，计算公式为

$$保险金额 = CIF + (CIF \times 10\%) = CIF \times 110\%$$

例：出口货物的CIF价为12 000美元，加成10%投保，计算保险金额。

$$保险金额 = 12\,000 \times 110\% = 13\,200(美元)$$

### (二) 保险费

货物运输保险费率是由保险公司在货物的损失率和赔付率的基础上，根据不同的运输工具、不同的目的地、不同的货物和不同的险别，按进出口货物分别制定的费率表来确定的。货物运输保险费是以保险金额为基准，乘该批货物的保险费率计算出来的，计算公式为

$$货物运输保险费 = CIF \times 110\% \times 保险费率 = 保险金额 \times 保险费率$$

例：出口货物的CIF价为12 000美元，投保一切险，费率为0.5%，计算保险费。

$$保险费 = 12\,000 \times 110\% \times 0.5\% = 66(美元)$$

## 四、保险除外责任

保险公司对货物在保险期限和保险范围内受到的损失予以赔偿，以下几种情况除外。

(1) 被保险人的故意行为或过失所造成的损失。

(2) 属于发货人责任所引起的损失。

(3) 在保险责任开始前，被保险货物已存在品质不良或数量短差，由此所造成的损失。

(4) 被保险货物的自然损耗、本质缺陷、特性以及市价跌落、运输延迟所引起的损失和费用。

我国陆、空货物运输保险

海运货物保险险别、范围、期限和除外责任

海运保险费计算

## 工作任务(一)

扫码获取业务资料,完成工作任务。

工作任务(一)
背景资料

### 任务完成情况评价表

(模块一 任务三 工作任务一)

| 项　　目 | 等　　级 | 自评等级 | 互评等级 | 师评等级 |
|---|---|---|---|---|
| 业务知识掌握全面 | A/B/C/D/E | | | |
| 业务分析处理方法得当 | A/B/C/D/E | | | |
| 表达清晰准确 | A/B/C/D/E | | | |
| 业务处理结果正确 | A/B/C/D/E | | | |

综合等级:_____　　重做等级:_____　　(师评等级C以下需重做)

| 任务小结 | |
|---|---|

## 工作任务(二)

扫码获取业务资料，完成工作任务。

工作任务(二)
背景资料

---

**任务完成情况评价表**

(模块一 任务三 工作任务二)

| 项　　目 | 等　　级 | 自评等级 | 互评等级 | 师评等级 |
| --- | --- | --- | --- | --- |
| 业务知识掌握全面 | A/B/C/D/E | | | |
| 业务分析处理方法得当 | A/B/C/D/E | | | |
| 表达清晰准确 | A/B/C/D/E | | | |
| 业务处理结果正确 | A/B/C/D/E | | | |
| 综合等级：_____ | 重做等级：_____ | (师评等级C以下需重做) | | |
| 任务小结 | | | | |

## 学以明理

扫码阅读，谈谈海运安全对我国国家发展与安全的重要意义。

_____
_____
_____
_____
_____
_____
_____
_____

| 项目 | 互评 | 师评 |
| --- | --- | --- |
| 等级A/B/C/D/E | | |
| 评价人 | | |

综合评价等级：_____

## 课后测试

# 任务四　认箱识箱

## 岗位描述

集装箱运输需要将货物装载于箱内，集装箱业务从业人员首先需要能够从海量的集装箱中识别某个特定的集装箱，并能通过集装箱外观识别集装箱的性质、尺寸和装载要求等。

## 能力需求

你需要掌握：

1. 集装箱箱号如何组成？各组成部分有何含义？
2. 如何通过尺寸和箱型代码辨别集装箱的尺寸和类型？
3. 集装箱作业标记包括哪些内容和含义？
4. 集装箱有哪些主要通行标志？

## 课前案例

扫码阅读，谈谈海运使用的集装箱一般属于谁，能不能通过集装箱外观区分不同箱主。

课前案例

| 项目 | 互评 | 师评 |
|---|---|---|
| 等级A/B/C/D/E | | |
| 评价人 | | |

综合评价等级：_____

## 业务知识

### 一、集装箱标记的含义

为了方便集装箱运输管理,国际标准化组织(International Organization for Standardization,ISO)拟订了集装箱标记方案。每类标记都必须按规定大小,标识在集装箱规定的位置上,如图1-5所示。

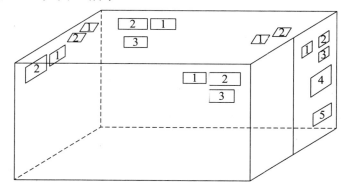

1—箱主代号;2—箱号或顺序号、核对数字;3—集装箱尺寸及类型代号;
4—集装箱总量、自重和容积;5—集装箱制造厂名及出厂日期

图1-5 集装箱标记位置图示

### 二、主要集装箱标记

#### (一) 箱号

箱号(container number)由箱主代号、设备识别代号、顺序号、核对数四部分组成,如图1-6所示。

(1) 箱主代号:集装箱所有人代号,由三个大写的英文字母表示。

(2) 设备识别代号:集装箱设备类型代号,由一个大写的英文字母表示。其中,"U"表示集装箱,"J"表示集装箱所配置的挂装设备,"Z"表示集装箱专用车和底盘车。

知识扩展:核对数计算方法

(3) 顺序号:集装箱编号,由六位阿拉伯数字表示。

(4) 核对数:箱号的最后一位数,它是按规定的计算方法算出来的,用来检验、核对箱主代号与顺序号在数据传输或记录时的正确性。

图1-6 集装箱箱号

## (二) 尺寸和箱型代码

集装箱的尺寸和箱型代码遵循ISO 1995标准，别称95码。在实行95码之前，有的集装箱公司会印国别代码，这是非强制性的，现在许多集装箱上不印此代码。国别代码以两个或三个英文字母表示。例如，US或USA表示美国，GB或GBX表示英国，CN或PRC表示中国，如图1-7所示。

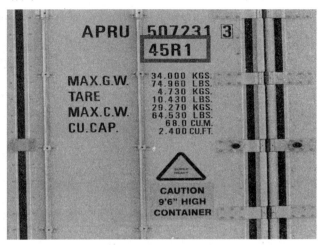

图1-7 尺寸和箱型代码

### 1. 尺寸代码

尺寸代码由两位阿拉伯数字组成，包含箱子的长度、高度及是否有鹅颈槽三方面信息。

(1) 第一位数字表示集装箱的长度。例如，2表示长度为20'，4表示长度为40'。

(2) 第二位数字表示集装箱的高度。例如，0和1表示箱高8'，2和3表示箱高8'6"，4和5表示箱高9'6"。

(3) 尺寸代号为奇数者有鹅颈槽，尺寸代号为偶数者无鹅颈槽。通常，20'集装箱无鹅颈槽，而40'HQ有鹅颈槽。

全球大多数国家已经不使用8'与9'高的集装箱，因此几乎见不到尺寸代号为20、21、40、41的集装箱。

高度为9'6"的集装箱称为HQ。HQ柜多见于40'集装箱，20'集装箱通常没有HQ，因此实践中极少见到尺寸代号为24、25的集装箱。

长度为45'的集装箱的尺寸代码为L5，长度为48'的集装箱的尺寸代码为L8。

### 2. 箱型代码

箱型代码表示集装箱的类型，由一位字母和一位数字组成。第一位字母表示集装箱的种类，第二位数字表示该种类集装箱的细分类型。例如，G0～G9表示通用集装箱(干货箱)，其细分类型如表1-3所示。集装箱箱型及代码如表1-4所示。

表1-3 通用集装箱分类

| 代码/原代码 | 箱型 | 箱型群组代码 | 主要特征 | 箱型代码 |
|---|---|---|---|---|
| G/0 | 通用集装箱(无通风装置) | GP | 一端或两端设有箱门 | G0 |
| | | | 货物的上方设有透气罩 | G1 |
| | | | 一端或两端设有箱门,并且在一侧或两侧设有"全开式"箱门 | G2 |
| | | | 一端或两端设有箱门,并且在一侧或两侧设有"局部"箱门 | G3 |
| | | | 备用号 | G4 |
| | | | 备用号 | G5 |
| | | | 备用号 | G6 |
| | | | 备用号 | G7 |
| | | | 备用号 | G8 |
| | | | 备用号 | G9 |

表1-4 集装箱箱型及代码对照表

| 长度 | 箱型 | 箱型代码 | 95码 | 英文全称 |
|---|---|---|---|---|
| 20英尺 | 干货箱 | GP | 22G1 | general purpose |
| | 干货高箱 | GH (HC/HQ) | 25G1 | general high (high container/high cubic) |
| | 挂衣箱 | HT | 22V1 | hanger tanker |
| | 开顶箱 | OT | 22U1 | open top |
| | 冷冻箱 | RF | 22R1 | refrigerated |
| | 冷高箱 | RH | 25R1 | refrigerated high |
| | 油罐箱 | TK | 22T1 | tank |
| | 框架箱 | FR | 22P1 | frame |
| 40英尺 | 干货箱 | GP | 42G1 | general purpose |
| | 干货高箱 | GH (HC/HQ) | 45G1 | general high (high container/high cubic) |
| | 挂衣箱 | HT | 42V1 | hanger tanker |
| | 开顶箱 | OT | 42U1 | open top |
| | 冷冻箱 | RF | 42R1 | refrigerated |
| | 冷高箱 | RH | 45R1 | refrigerated high |
| | 油罐箱 | TK | 42T1 | tank |
| | 框架箱 | FR | 42P1 | frame |

(续表)

| 长度 | 箱型 | 箱型代码 | 95码 | 英文全称 |
|---|---|---|---|---|
| 45英尺 | 干缩 | GP | L2G1 | general purpose |
| | 干货高箱 | GH (HC/HQ) | L5G1 | general high (high container/high cubic) |
| | 挂衣箱 | HT | L2V1 | hanger tanker |
| | 开顶箱 | OT | L2U1 | open top |
| | 冷冻箱 | RF | L2R1 | refrigerated |
| | 冷高箱 | RH | L5R1 | refrigerated high |
| | 油罐箱 | TK | L2T1 | tank |
| | 框架箱 | FR | L2P1 | frame |

1. 95码：开头为2的表示20英尺，开头为4的表示40英尺，开头为L的表示45英尺
2. 95码第二位为2的是非高箱(高8.5英尺)，95码第二位为5的是高箱(高9.5英尺)

### (三) 作业标记

作业标记在集装箱右箱门上，主要包括以下四项内容，如图1-8、图1-9所示。

图1-8 作业标记

图1-9 联运标记、警告标记

### 1. 额定重量和自定重量标记

额定重量即集装箱总重，自重即集装箱空箱质量(或空箱重量)，以千克(kg)和磅(lb)表示，集装箱容积以立方米和立方英尺表示。

### 2. 空陆水联运集装箱标记

该集装箱的强度仅能堆码两层，因而国际标准化组织对该集装箱规定了特殊的标

记。该标记为黑色，位于集装箱侧壁和端壁的左上角。

### 3. 登箱顶触电警告标记

该标记为黄色底、黑色边的三角形，一般设在罐式集装箱和登顶箱顶的扶梯处，以警告触电危险。

### 4. 超高、超重标记

高度超过8.6英尺的集装箱必须标出超高标记，总重超过30 480kg的集装箱需在箱体外粘贴一个三角形超重标记。

### (四) 通行标记

集装箱在运输过程中能顺利地通过或进入他国国境，箱上必须贴有符合规定要求的各种通行标记。集装箱上主要的通行标记有CSC安全合格牌照、船舶检验局徽记、海关批准牌照、UIC标记、木材免疫牌、箱主和制造厂铭牌等。

集装箱标记

# 工作任务(一)

工作任务(一)
背景资料

扫码获取业务资料,完成工作任务。

### 1. 根据图1填空

APRU507231[3]是集装箱的(　　),其中箱主代码为(　　),集装箱顺序号为(　　),方框里面的"3"是(　　)。45R1是集装箱的(　　),表示这是一个长度为(　　)英尺、高度为(　　)英尺(　　)英寸的(　　)(　　)集装箱。LBS表示(　　),该集装箱自重(　　)公吨,载重(　　)公吨,总重(　　)公吨,总容积(　　)立方米。

### 2. 根据图2填空

集装箱自重为(　　)千克,货物装载限重为(　　)公吨,集装箱最大限重为(　　)磅,集装箱总容积为(　　)立方米。在1.8g加速度下,集装箱最大承压重量为(　　)公吨。有一批货物,总体积60立方米,总毛重92公吨,用图2集装箱装载,需要使用集装箱数量为(　　)个。

**任务完成情况评价表**

(模块一 任务四 工作任务一)

| 项　　目 | 等　　级 | 自评等级 | 互评等级 | 师评等级 |
|---|---|---|---|---|
| 业务知识掌握全面 | A/B/C/D/E | | | |
| 业务分析处理方法得当 | A/B/C/D/E | | | |
| 表达清晰准确 | A/B/C/D/E | | | |
| 业务处理结果正确 | A/B/C/D/E | | | |
| 综合等级:_____ | 重做等级:_____ | (师评等级C以下需重做) | | |
| 任务小结 | | | | |

## 工作任务(二)

扫码获取业务资料,完成工作任务。

工作任务(二)
背景资料

**任务完成情况评价表**

(模块一 任务四 工作任务二)

| 项　目 | 等级 | 自评等级 | 互评等级 | 师评等级 |
| --- | --- | --- | --- | --- |
| 业务知识掌握全面 | A/B/C/D/E | | | |
| 业务分析处理方法得当 | A/B/C/D/E | | | |
| 表达清晰准确 | A/B/C/D/E | | | |
| 业务处理结果正确 | A/B/C/D/E | | | |
| 综合等级:_____ | 重做等级:_____ | (师评等级C以下需重做) | | |
| 任务小结 | | | | |

## 学以明理

党的二十大报告提出:"加快发展物联网,建设高效顺畅的流通体系,降低物流成本。"扫码阅读,谈谈我国无人码头集装箱智能识别技术发展带给你的感受。

阅读资料

_____
_____
_____
_____
_____
_____
_____
_____
_____

| 项目 | 互评 | 师评 |
|---|---|---|
| 等级A/B/C/D/E | | |
| 评价人 | | |

综合评价等级:_____

## 课后测试

知识点自测

# 任务五　匹配箱货

## 岗位描述

在集装箱运输业务中，从业人员需要根据不同货物的特性，结合不同类型集装箱的特点，合理选择装载货物的集装箱，以保证货物运输安全，同时控制运输成本。

## 能力需求

你需要掌握：

1. 集装箱有哪些类型？
2. 各种类型集装箱有何特点？
3. 各种类型集装箱适合装载何种货物？

## 课前案例

扫码阅读，谈谈我国企业主要生产哪些种类的集装箱供全球使用。

| 项目 | 互评 | 师评 |
|---|---|---|
| 等级A/B/C/D/E | | |
| 评价人 | | |

综合评价等级：_____

## 业务知识

常见的集装箱有以下几种。

### 一、干货集装箱

干货集装箱(dry cargo container)又称杂货集装箱,它是一种通用集装箱,适用范围很大,除需制冷、保温的货物与少数特殊货物(如液体、牲畜、植物等),只要是在尺寸和重量方面适合用集装箱装运的货物(适箱货),均可用杂货集装箱装运。

依据结构的不同,杂货集装箱可分为一端开门、两端开门与侧壁设有侧门三类。杂货集装箱的门均有水密性,可270°开启。目前在国内外运营中的集装箱,大部分属于杂货集装箱。

### 二、开顶集装箱

开顶集装箱(open top container)是一种特殊的通用集装箱,除箱顶可以拆下,其他结构与通用集装箱类似。开顶集装箱主要适用于装载大型货物和重型货物,如钢材、木材、玻璃等。货物可用吊车从箱顶吊入箱内。

### 三、台架式集装箱

台架式集装箱(platform based container)没有箱顶和侧壁,可用吊车从箱顶装货,也可用叉车从箱侧装货,适用于装载长大件和重件货,如重型机械、钢材、钢管、木材、钢锭、机床及各种设备;可将两个以上台架式集装箱合并,组成装货平台,装载特大件货物;还可将台架式集装箱端壁折叠,以减少集装箱回空时的舱容损失。

### 四、平台集装箱

平台集装箱(platform container)指无上部结构、只有底部结构的集装箱。平台集装箱又分为有顶角件和底角件、只有底角件而没有顶角件两种。这种集装箱只保留底板,比台架式集装箱更简化,主要用于装卸长、重大件货物,如重型机械设备、钢材等。

### 五、冷冻/冷藏集装箱

冷冻/冷藏集装箱(reefer/refrigerated container)指具有制冷或保温功能,可用于运输冷冻货或低温货,如鱼、肉、新鲜水果、蔬菜等食品的集装箱。冷藏集装箱分为可制冷和只具有保温功能两类。前者称为"机械式冷藏集装箱",后者称为"离合式集装箱"。

### 六、散货集装箱

散货集装箱(bulk container)主要用于装运麦芽、谷物和粒状化学品等。它的外形与杂货集装箱相近,在一端有箱门,同时在顶部有2~3个装货口,在箱门的下方还设有两个长方形的卸货口。

### 七、通风集装箱

通风集装箱(ventilated container)外表与杂货集装箱类似,其区别是在侧壁或端壁上设有4~6个通风口。通风集装箱可防止由于箱内温度变化造成"结露"和"汗湿"而使货物变质。通风集装箱适用于装载球根类作物、食品及其他容易"汗湿"变质而需要通风的货物。

## 八、罐式集装箱

罐式集装箱(tank container)是专门用于装运油类(如动植物油)、酒类、液体食品及液态化学品的集装箱。罐体顶部设有装货口(入孔),罐底设有排出阀。需要注意的是,罐体的强度在设计时是按满载为条件的,所以,在运输途中货物如呈半罐状态,可能对罐体有巨大的冲击力,造成危险。因此装货时,应确保货物为满罐。

## 九、动物集装箱

动物集装箱(animal container)是专门用于装运鸡、鸭、鹅等活家禽和牛、马、羊、猪等活家畜的集装箱。箱顶采用胶合板覆盖,侧面和端面都有金属网制的窗,以便通风。侧壁的下方设有清扫口和排水口,便于清洁。动物集装箱在船上必须装在甲板上,而且不允许多层堆装,所以其强度可低于国际标准集装箱的要求,其总重也较轻。

## 十、汽车集装箱

在简易箱底安装一个钢制框架,即为汽车集装箱(car container)。它一般设有端壁和侧壁,箱底应采用防滑钢板。汽车集装箱有装单层和装双层的两种。

## 十一、服装集装箱

服装集装箱(garment container)是杂货集装箱的一种变型,它在集装箱内侧梁上装有许多横杆,每根横杆垂下若干绳扣。成衣衣架上有挂钩,可直接挂在绳扣上。将横杆上的绳扣收起,这类集装箱就能作为普通杂货集装箱使用。

为货物匹配合适的集装箱

# 工作任务(一)

扫码获取业务资料,完成工作任务。

工作任务(一)
背景资料

| 图例 | 名称 | 代码 | 特点 | 适用货物 |
|---|---|---|---|---|
| 图1 | | | | |
| 图2 | | | | |
| 图3 | | | | |
| 图4 | | | | |
| 图5 | | | | |
| 图6 | | | | |
| 图7 | | | | |
| 图8 | | | | |
| 图9 | | | | |
| 图10 | | | | |
| 图11 | | | | |

## 任务完成情况评价表

(模块一 任务五 工作任务一)

| 项目 | 等级 | 自评等级 | 互评等级 | 师评等级 |
|---|---|---|---|---|
| 业务知识掌握全面 | A/B/C/D/E | | | |
| 业务分析处理方法得当 | A/B/C/D/E | | | |
| 表达清晰准确 | A/B/C/D/E | | | |
| 业务处理结果正确 | A/B/C/D/E | | | |

综合等级:_____   重做等级:_____   (师评等级C以下需重做)

| 任务小结 | |
|---|---|
| | |

## 工作任务(二)

请为以下货物合理选择集装箱。

| 货　名 | 货物描述 | 适用箱型 | 理　由 |
|---|---|---|---|
| 水力发电机组一套 | 高6米，宽7米，长10米，重47吨 | | |
| 奶牛 | 活动物，10头 | | |
| 硫磺 | 裸装 | | |
| 饮料 | 纸箱，1000箱 | | |
| 钢管 | 重20吨，长5米，怕生锈 | | |
| 面包车 | 10台 | | |
| 汽油 | 裸装，重20吨 | | |
| 特种设备一件 | 高2米，宽2米，长5米，重22吨 | | |
| 景观树苗 | 200棵 | | |
| 冰冻汤圆 | 重30吨 | | |
| 动物原料毛皮(干货) | 重10吨 | | |

### 任务完成情况评价表

(模块一 任务五 工作任务二)

| 项　　目 | 等　　级 | 自评等级 | 互评等级 | 师评等级 |
|---|---|---|---|---|
| 业务知识掌握全面 | A/B/C/D/E | | | |
| 业务分析处理方法得当 | A/B/C/D/E | | | |
| 表达清晰准确 | A/B/C/D/E | | | |
| 业务处理结果正确 | A/B/C/D/E | | | |

综合等级：_____　　　重做等级：_____　　　(师评等级C以下需重做)

任务小结

## 学以明理

扫码阅读，思考全球超过95%的集装箱都由中国生产的原因。

| 项目 | 互评 | 师评 |
|---|---|---|
| 等级A/B/C/D/E | | |
| 评价人 | | |

综合评价等级：_____

## 课后测试

知识点自测

## 任务六　线路规划

### 岗位描述

当客户提出运输需求时，运输方需要根据运输起点、目的地、可选运输方式、备货状况、时限要求等因素综合考虑，规划一条符合客户需求同时费用最低的运输线路。

### 能力需求

你需要掌握：

1. 如何确定和满足客户需求？
2. 如何计算运输费用并确定费用最低的线路？

### 课前案例

扫码阅读，简要介绍世界三大海运联盟及其各自的优势航线。

| 项目 | 互评 | 师评 |
| --- | --- | --- |
| 等级A/B/C/D/E | | |
| 评价人 | | |

综合评价等级：_____

## 业务知识

集装箱运输线路规划涉及选择哪个港口、使用何种运输方式和走哪条线路等问题。线路规划需要满足两个主要条件,即符合客户需求和费用最低。

### 一、符合客户需求

#### (一) 时效需求

(1) 装运期限。贸易合同或信用证中往往会规定装运期限,在规划运输线路时,出运时间不能晚于装运期限。

(2) 截港、截关时间。截港时间是指码头截止收柜的时间。截关时间是指报关截止时间,海关规定装运前24小时截关。因此在安排集装箱运输时,要考虑到不同运输方式运输途中需要的时间,确保在截港、截关前到达装运港并完成报关。

例如,装运期限为6月21日,截港时间为6月5日,截关时间为6月7日,从仓库运到港口出发时间为6月3日,选择铁路运输需要4天,选择公路运输需要1天,显然,选择公路运输才符合要求。

(3) 到货期限。如果客户有到货期限要求,那么在选择船期时,要考虑目的港ETA(estimated time of arrival,预计到达时间)时间,选择ETA符合要求的船期。

例如,客户要求10月底之前到货,A、B、C三条船目的港ETA分别为10月15日、10月28日、11月5日,则A、B两条船符合要求。

#### (二) 服务需求

(1) 起运港、目的港。如果客户指定了起运港和目的港,就只能按照客户指定的港口安排运输线路。

(2) 承运人。有些客户有指定的联盟或承运人,那么就不能选择其他承运人。

(3) 运输方式。在集装箱运输中,可选用的运输方式有公路、铁路和内河运输等,需要根据客户的需求进行安排和选择。

### 二、费用最低

费用最低指的是综合费用最少。集装箱运输费用如表1-5所示。

(1) 海运费。这里的海运费指从起运港至目的港的海运费,注意有无附加费。

(2) 集散费用。集散费用指从客户仓库到起运港的短途运输费用,选择不同的运输方式,费用会有所不同。内河运输费用最低,铁路运输费用通常低于公路运输。

(3) 其他费用。其他费用包括报关费、代理费、港口费、单证费、电放费、反恐费、集装箱称重费等,只要发生就要计入费用中。要注意,这些费用的计费单位不同,有些按票计费,有些按重量计费,有些按箱计费。

表1-5 集装箱运输费用

| 1. Origin Charge 起运港费用 | 20' USD | 40'DC USD | UNIT 收费单位 | REMARK 说明 |
|---|---|---|---|---|
| pre-carriage Zhongshan—Shekou 中山—蛇口前段运输 | 3200 | 4200 | per container 每箱 | by truck 公路运输 |
| pre-carriage Zhongshan—Shekou 中山—蛇口前段运输 | 1100 | 1500 | per container 每箱 | by feeder 驳船运输 |
| THC(terminal handling charge) 码头操作费 | 825 | 1300 | per container 每箱 | |
| port charge 港口费用 | 15 | 25 | per MT 每公吨 | |
| handling charge 作业劳务费用 | 100 | 200 | per container 每箱 | |
| DOC 单证费 | 500 | | per BL 每单 | |
| customs clearance 清关费 | 300 | | per BL 每单 | |
| VGM(verified gross mass) 集装箱重量查核费 | 150 | | per BL 每单 | |
| AMS/ENS/ACI 舱单费 | 250 | | per BL 每单 | if export to US/EU/CA 如果出口美国/欧盟/加拿大 |
| insurance premium 保险费率 | 0.05% | | per BL 每单 | MIN CNY200 |
| 2. Ocean Freight 海运费用 | CY-CY | | | |
| charge item 收费项目 | 20' USD | 40'DC USD | UNIT 收费单位 | REMARK 说明 |
| Shekou—Chennai 蛇口—金奈 | 450 | 850 | per container 每箱 | exlude LSS USD40/TEU 不包含低硫附加费40美元 |

世界主要集装箱航线

全球十大班轮公司

外拖业务流程

港装业务流程

集装箱码头布局

# 工作任务(一)

扫码获取业务资料,完成工作任务。

工作任务(一)
背景资料

---

**任务完成情况评价表**

(模块一 任务六 工作任务一)

| 项目 | 等级 | 自评等级 | 互评等级 | 师评等级 |
| --- | --- | --- | --- | --- |
| 业务知识掌握全面 | A/B/C/D/E | | | |
| 业务分析处理方法得当 | A/B/C/D/E | | | |
| 表达清晰准确 | A/B/C/D/E | | | |
| 业务处理结果正确 | A/B/C/D/E | | | |
| 综合等级:_____ | 重做等级:_____ | (师评等级C以下需重做) | | |
| 任务小结 | | | | |

## 工作任务(二)

扫码获取业务资料,完成工作任务。

工作任务(二)
背景资料

### 任务完成情况评价表

(模块一 任务六 工作任务二)

| 项　　目 | 等　　级 | 自评等级 | 互评等级 | 师评等级 |
|---|---|---|---|---|
| 业务知识掌握全面 | A/B/C/D/E | | | |
| 业务分析处理方法得当 | A/B/C/D/E | | | |
| 表达清晰准确 | A/B/C/D/E | | | |
| 业务处理结果正确 | A/B/C/D/E | | | |
| 综合等级:_____ | 重做等级:_____ | (师评等级C以下需重做) | | |
| 任务小结 | | | | |

## 学以明理

扫码阅读,谈谈中国航运快速发展的原因。

阅读资料

_____
_____
_____
_____
_____
_____
_____
_____
_____

| 项目 | 互评 | 师评 |
|---|---|---|
| 等级A/B/C/D/E | | |
| 评价人 | | |

综合评价等级:_____

## 课后测试

知识点自测

# 任务七　运费计算

## 岗位描述

在外贸报价、运输结算等业务中,集装箱运输从业人员要熟练掌握集装箱运费计算方法。

## 能力需求

你需要掌握:

1. 集装箱海运费用由哪些部分构成?
2. 如何计算拼箱货物运费?
3. 如何计算整箱货物运费?

## 课前案例

扫码阅读,思考航运企业收取附加费的原因。

课前案例

| 项目 | 互评 | 师评 |
|---|---|---|
| 等级A/B/C/D/E | | |
| 评价人 | | |

综合评价等级:＿＿＿＿

## 业务知识

### 一、集装箱海运费用

集装箱海运费用由基本运费和附加费构成。

#### (一) 基本运费

基本运费是运输每批货物所应收取的费用,由船公司以班轮运价表的形式公布。它根据基本运价和计费吨计算得出,主要反映成本定价原则,影响费率的主要因素是各种成本支出。基本运费主要包括船舶折旧或租金、燃油费、修理费、港口使费(如装卸费、吨税和靠泊等费用)、管理费、职工工资等。

#### (二) 附加费

除基本运费外,各种突发因素产生的额外费用通过附加费形式收取。附加费主要有货物附加费、变更目的港附加费、选卸港附加费、服务附加费、转船附加费、直航附加费、港口附加费、燃油附加费、货币贬值附加费、绕航附加费、港口拥挤附加费等。

集装箱运费结构

### 二、集装箱海运费用计算

#### (一) 集装箱海运费用计算标准

**1. 拼箱货海运费用计算标准**

(1) 以"W"表示,指该种商品应按毛重计算运费。

(2) 以"M"表示,指该种商品应按尺码或体积计算运费。

(3) 以"W/M"表示,指该种商品分别按毛重和体积计算运费,并选择其中运费较高者收取运费(按$1MT=1M^3$折算)。

(4) 以"Ad. Val."表示,指该种商品按其FOB价格的一定百分比计算运费,这种运费也称为从价运费。

(5) 以"Ad. Val. or W/M"表示,指该种商品按其FOB价格的一定百分比和毛重、体积分别计算运费,并选择其中运费较高者收取运费。

**2. 整箱货海运费用计算标准**

通常以每个集装箱作为计费单位,按包箱费率计算运费。

#### (二) 集装箱海运费用计算方法

**1. 拼箱货海运费用计算方法**

各船公司拼箱货运费基本上依据件杂货运费计算标准计算,即按船公司运价本规定(或双方议定)的W/M费率计算基本运费,再加收集装箱运输所产生的有关费用,如拼箱服务费、支线附加费、超重或超尺度附加费等。拼箱货海运费用的计算公式为

$$运费=基本运费+附加运费$$

$$基本运费=基本费率×计费重量$$

(1) 当附加费率按百分比计收时,附加运费的计算公式为

$$附加运费=附加费率×基本运费$$

(2) 当附加费率按运费吨计收时,附加运费的计算公式为

$$附加运费=附加费率×计费重量$$

**2. 整箱货海运费用计算方法**

根据集装箱的类型,按箱计收运费,称为包箱费率。如有附加费,应再加上附加费,计算公式为

$$整箱运费=包箱费率+附加费$$

集装箱运费构成

整箱货和拼箱货运费计算方法

# 工作任务(一)

扫码获取业务资料，完成工作任务。

工作任务(一)<br>背景资料

_____
_____
_____
_____
_____
_____
_____
_____
_____
_____
_____
_____
_____
_____
_____
_____
_____
_____
_____

## 任务完成情况评价表

(模块一 任务七 工作任务一)

| 项　目 | 等　级 | 自评等级 | 互评等级 | 师评等级 |
|---|---|---|---|---|
| 业务知识掌握全面 | A/B/C/D/E | | | |
| 业务分析处理方法得当 | A/B/C/D/E | | | |
| 表达清晰准确 | A/B/C/D/E | | | |
| 业务处理结果正确 | A/B/C/D/E | | | |
| 综合等级：_____ | 重做等级：_____ | (师评等级C以下需重做) | | |
| 任务小结 | | | | |

## 工作任务(二)

扫码获取业务资料,完成工作任务。

工作任务(二)
背景资料

### 任务完成情况评价表

(模块一 任务七 工作任务二)

| 项　　目 | 等　　级 | 自评等级 | 互评等级 | 师评等级 |
|---|---|---|---|---|
| 业务知识掌握全面 | A/B/C/D/E | | | |
| 业务分析处理方法得当 | A/B/C/D/E | | | |
| 表达清晰准确 | A/B/C/D/E | | | |
| 业务处理结果正确 | A/B/C/D/E | | | |

综合等级:_____　　　重做等级:_____　　　(师评等级C以下需重做)

| 任务小结 | |
|---|---|

## 学以明理

扫码阅读,谈谈全球海运价格暴涨的原因。

阅读资料

| 项目 | 互评 | 师评 |
|---|---|---|
| 等级A/B/C/D/E | | |
| 评价人 | | |

综合评价等级:_____

## 课后测试

知识点自测

# 任务八　海运提单

## 岗位描述

海运提单是集装箱运输最重要的单证之一,从业者必须了解提单的业务应用知识,从而正确处理提单业务,规避业务风险。

## 能力需求

你需要掌握:

1. 如何理解海运提单的物权凭证性质?
2. 海运提单有哪些分类和特点?
3. 提单的签发、转让等业务有何规定?

## 课前案例

扫码阅读,谈谈避免提单内容签发错漏的原因。

| 项目 | 互评 | 师评 |
|---|---|---|
| 等级A/B/C/D/E | | |
| 评价人 | | |

综合评价等级:＿＿＿＿＿

## 业务知识

### 一、提单的定义和性质

《中华人民共和国海商法》第七十一条规定:"提单,是指用以证明海上货物运输合同和货物已经由承运人接收或者装船,以及承运人保证据以交付货物的单证。提单中载明的向记名人交付货物,或者按照指示人的指示交付货物,或者向提单持有人交付货物的条款,构成承运人据以交付货物的保证。"

提单是物权凭证性质的单证,代表货权,可以买卖,买卖提单等于买卖货物。

### 二、提单的功能

提单具有以下三项主要功能。

(1) 提单是证明承运人已接管货物和货物已装船的货物收据,提单一经承运人签发,即表明承运人已将货物装上船舶或已确认接管。

(2) 提单是承运人保证凭以交付货物和可以转让的物权凭证,提单的合法持有人有权在目的港以提单相交换来提取货物,而承运人只要出于善意,凭提单发货,即使提单持有人不是真正货主,承运人也无责任。

(3) 提单是海上货物运输合同成立的证明文件。提单上印就的条款规定了承运人与托运人之间的权利、义务,而且提单也是法律承认的处理有关货物运输纠纷的依据,因而人们常认为提单本身就是运输合同。

### 三、集装箱班轮提单的分类

按不同的分类标准,提单可以划分为许多种类,不同种类的提单有不同的作用和特点。

#### (一) 已装船提单和收货待运提单

**1. 已装船提单**

已装船提单(shipped B/L;on board B/L)是指货物全部装船后,由承运人或其授权代理人根据大副收据签发给托运人的提单。该提单上通常必须注明装载货物的船舶名称和装船日期。已装船提单对于收货人及时收到货物有保障,所以在国际货物买卖合同中,一般都要求卖方提供已装船提单。

**2. 收货待运提单**

收货待运提单(received for shipment B/L)又称备运提单,它是承运人在收到托运人交来的货物但还没有装船时,应托运人的要求而签发的提单。这种提单未载明所装船名和装船时间,在跟单信用证支付方式下,银行一般都不肯接受这种提单。

#### (二) 记名提单、指示提单和不记名提单

**1. 记名提单**

记名提单(straight B/L)又称收货人抬头提单,是指提单上的收货人栏中已具体填写收货人名称的提单。记名提单不能转让。

## 2. 指示提单

指示提单(order B/L)是指在收货人一栏内记载"凭指示"(to order)或"凭某人指示"(to the order of...)字样的提单。指示提单经适当背书可转让，在国际海运业务中使用较广泛。

## 3. 不记名提单

不记名提单(bearer B/L；open B/L；blank B/L)是指在收货人一栏记载"to the bearer"或"to the holder"字样，表示应向提单持有人交付货物的提单。这种提单不需要任何背书手续，谁持有提单，谁就有权提货，风险较大。

### (三) 清洁提单和不清洁提单

#### 1. 清洁提单

清洁提单(clean B/L)是指货物在装船时外表状况良好，承运人未加任何货损、包装不良或其他有碍结汇批注的提单。正常情况下，卖方只有向银行提交清洁提单才能办理结汇。

#### 2. 不清洁提单

不清洁提单(unclean B/L；foul B/L)是指承运人在提单上加注货损、包装不良或存在缺陷等批注的提单。在正常情况下，银行将拒绝以不清洁提单办理结汇。

实践中，当货物及包装状况不良或存在缺陷时，托运人会出具保函，并要求承运人签发清洁提单，以便能顺利结汇。由于托运人和承运人的这种做法掩盖了提单签发时的真实情况，属于欺诈行为。托运人由于未按合同规定交付货物，需要承担违约责任，而承运人亦应承担由此而产生的风险责任。承运人凭保函签发清洁提单的风险有以下几种。

(1) 承运人不能以保函对抗善意的第三方，因此承运人要赔偿收货人的损失。

(2) 如果保函具有欺骗性质，则保函在承运人与托运人之间也属无效，承运人将独自承担责任，不能向托运人追偿赔款。

(3) 承运人接受了具有欺骗性质的保函后，不但要承担赔偿责任，而且还会丧失责任限制的权利。

(4) 虽然承运人通常会向"保赔协会"(protection and indemnity club)投保货物运输责任险，但如果货损早在承运人接受货物以前就已经发生，则"保赔协会"是不负责任的，责任只能由承运人自负。

(5) 如果承运人是在善意的情况下接受了保函，该保函也仅对托运人有效。但是，托运人经常会抗辩，货物的损坏并不是由包装表面缺陷所致，而是由承运人在运输过程中没有履行其应当适当、谨慎地保管和照料货物的义务所致。因此，承运人要向托运人追偿也是很困难的。

### (四) 直达提单、转船提单和多式联运提单

#### 1. 直达提单

直达提单(direct B/L)是指由承运人签发，货物从装货港装船后，中途不经过转船而

直接运抵卸货港的提单。

### 2. 转船提单

转船提单(transshipment B/L；through B/L)是指在装货港装货的船舶不直接驶达货物的目的港，而要在中途港换装其他船舶运抵目的港，由承运人为这种货物运输签发的提单。

### 3. 多式联运提单

多式联运提单(combined transport B/L；inter modal transport B/L；multimodal transport B/L)是指货物由海路、内河、铁路、公路和航空等两种以上运输工具共同完成全程运输时所签发的提单。这种提单主要用于集装箱运输。多式联运提单一般由承担海运区段运输的船公司签发。

## (五) 船东提单和货代提单

### 1. 船东提单

船东提单(liner B/L；ocean B/L)是指由班轮公司或其代理人签发的提单。班轮公司通常为整箱货签发提单。

### 2. 货代提单

货代提单(nvocc B/L；house B/L)又称无船承运人提单、运输代理行提单，它是指由无船承运人或其代理人签发的提单。船公司对货代提单不承担交付义务。

## (六) 全式提单和简式提单

### 1. 全式提单

全式提单(long form B/L)是指提单除正面印就的提单格式所记载的事项，背面列有关于承运人与托运人及收货人之间权利、义务等详细条款的提单。班轮运输一般使用全式提单。

### 2. 简式提单

简式提单(short form B/L；simple B/L)是指提单背面没有关于承运人与托运人及收货人之间的权利、义务等详细条款的提单。简式提单一般多用于租船运输。

## (七) 倒签提单和预借提单

### 1. 倒签提单

倒签提单(anti-dated B/L)是指在货物装船完毕后，应托运人的要求，由承运人或其代理人签发的提单，但是该提单上记载的签发日期早于货物实际装船完毕的日期。

承运人倒签提单的做法与上述凭保函签发清洁提单一样掩盖了真实情况，属于欺诈行为，因此承运人也要承担由此而产生的风险责任。

### 2. 预借提单

预借提单(advanced B/L)是指货物尚未装船或货物尚未装船完毕时，承运人或其代理人应托运人要求而提前签发的已装船提单。承运人签发预借提单要冒极大风险，因为该做法也掩盖了真实情况，因此承运人也要承担由此而产生的风险责任。对于承运人而言，预借提单的风险比倒签提单大。

## (八) 过期提单

过期提单(stale B/L)有两种含义：一是指出口商在装船后延滞过久才交到银行议付的提单；二是指提单晚于货物到达目的港。后一种情况一般发生在近洋贸易中，为了解决这个问题，可以使用海运单或者电放业务。

## 四、提单的使用

### (一) 提单的签发

有权签发提单的人有承运人及其代理、船长及其代理、船主及其代理。代理人签署提单时必须注明其代理身份和被代理方的名称及身份。签署提单的凭证是大副收据，签发提单的日期应该是货物装船后大副签发收据的日期。

### (二) 提单的份数

提单有正本和副本之分。正本提单一般签发一式两份或三份，如果提单在流通过程中遗失，可以应用另一份正本。各份正本具有同等效力，但其中一份提货后，其余各份均告失效。副本提单只用于日常业务，不具备法律效力。

### (三) 提单的更正与补发

**1. 提单的更正**

提单的更正要尽可能赶在载货船舶开航之前办理，以减少因此而产生的手续和费用。如果已经签署提单后，托运人才提出更正的要求，承运人就要考虑各方面的关系，再决定是否同意更正。因更正内容而引起的损失和费用，都由提出更正要求的托运人负担。

**2. 提单的补发**

如果提单签发后遗失，托运人提出补发提单，承运人可根据不同情况进行处理。一般是要求托运人提供担保或保证金，而且还要按照一定的法定程序声明提单作废。

### (四) 提单的背书

通常所说的"背书"是指"指示提单"在转让时所需要进行的背书。实务中，背书分为记名背书、指示背书和不记名背书。

**1. 记名背书**

背书人除履行签名手续外，还可写明受让人。例如"TO DELIVER TO XYZ CO., LTD."，此时"XYZ CO., LTD."为记名受让人，提单不能继续背书转让。

**2. 指示背书**

如果写成"TO DELIVER TO THE ORDER OF XYZ CO., LTD."，则"XYZ CO., LTD."为指示受让人，提单可以继续背书转让。

**3. 不记名背书**

不记名背书只签名，不写明受让人，提单此后可随意转让，不需要背书。

# 工作任务(一)

扫码获取业务资料，完成工作任务。

工作任务(一)
背景资料

| 序号 | 确认项 | 提单信息 | 理由 |
|---|---|---|---|
| 1 | 提单是正本还是副本 | | |
| 2 | 提单签发人的身份 | | |
| 3 | 正本提单有几份 | | |
| 4 | 签发日期 | | |
| 5 | 集装箱类型 | | |
| 6 | 集装箱数量 | | |
| 7 | 货物数量 | | |
| 8 | 是记名或指示或不记名提单 | | |
| 9 | 是否联运提单 | | |
| 10 | 是否清洁提单 | | |
| 11 | 运费到付或预付 | | |
| 12 | 起运港 | | |
| 13 | 目的港 | | |
| 14 | 船名 | | |
| 15 | 装船日期 | | |
| 16 | 货物重量/公吨 | | |
| 17 | 交接条款 | | |
| 18 | 货物唛头 | | |

**任务完成情况评价表**

(模块一 任务八 工作任务一)

| 项目 | 等级 | 自评等级 | 互评等级 | 师评等级 |
|---|---|---|---|---|
| 业务知识掌握全面 | A/B/C/D/E | | | |
| 业务分析处理方法得当 | A/B/C/D/E | | | |
| 表达清晰准确 | A/B/C/D/E | | | |
| 业务处理结果正确 | A/B/C/D/E | | | |

综合等级：_____　　重做等级：_____　　(师评等级C以下需重做)

| 任务小结 | |
|---|---|
| | |

## 工作任务(二)

扫码获取业务资料,完成工作任务。

工作任务(二)背景资料

---

**任务完成情况评价表**

(模块一 任务八 工作任务二)

| 项　　目 | 等　　级 | 自评等级 | 互评等级 | 师评等级 |
|---|---|---|---|---|
| 业务知识掌握全面 | A/B/C/D/E | | | |
| 业务分析处理方法得当 | A/B/C/D/E | | | |
| 表达清晰准确 | A/B/C/D/E | | | |
| 业务处理结果正确 | A/B/C/D/E | | | |
| 综合等级:_____ | 重做等级:_____ | (师评等级C以下需重做) | | |
| 任务小结 | | | | |

## 学以明理

扫码阅读，谈谈你对我国海运提单立法的看法。

阅读资料

| 项目 | 互评 | 师评 |
|---|---|---|
| 等级A/B/C/D/E | | |
| 评价人 | | |

综合评价等级：_____

## 课后测试

知识点自测

# 模块二 出口业务

任务一　船期选择

任务二　询价报价

任务三　箱容利用

任务四　托运订舱

任务五　空箱提取

任务六　货物装载

任务七　出口报关

任务八　填制提单

# 任务一　船期选择

## 岗位描述

在实际业务中,客户会根据备货情况对承运人、出运和到达时间、运输成本等提出具体要求,货运代理需要根据客户的要求,从船公司船期表中找出最符合客户要求的船期。

## 能力需求

你需要掌握:

1. 船期表包含哪些内容?
2. 选择船期需要考虑哪些因素?
3. 如何选择船期?

## 课前案例

扫码阅读,谈谈我国外贸业如何应对集装箱长期运价上涨。

课前案例

| 项目 | 互评 | 师评 |
| --- | --- | --- |
| 等级A/B/C/D/E | | |
| 评价人 | | |

综合评价等级:＿＿＿＿

## 业务知识

### 一、船期表认读

船期表主要内容如表2-1所示。

表2-1 船期表(示例)

MEX2:

| VESSEL(OCEAN ALLIANCE) | VOYAGE | NANSHA | | | | | ETA | | | | | |
|---|---|---|---|---|---|---|---|---|---|---|---|---|
| | | OPENING DATE | SI CUT 12:00 | CY CLOSING 9:00 | ETA | ETD | Singapore | PIRAEUS | LA SPEZIA | GENOA | FOS | VALENCIA |
| CMA CGM COLUMBIA | 02M7DW1MA | 17-Sep | 22-Sep | 23-Sep | 24-Sep | 24-Sep | 28-Sep | 13-Oct | 16-Oct | 18-Oct | 21-Oct | 23-Oct |
| THALASSA PISTIS | 02M7FW1MA | 24-Sep | 29-Sep | 30-Sep | 1-Oct | 1-Oct | 5-Oct | 20-Oct | 23-Oct | 25-Oct | 28-Oct | 30-Oct |
| CMA CGM PRIDE | 02M7HW1MA | 1-Oct | 6-Oct | 7-Oct | 8-Oct | 8-Oct | 12-Oct | 27-Oct | 30-Oct | 1-Nov | 4-Nov | 6-Nov |
| CMA CGM GLORY | 02M7JW1MA | 8-Oct | 13-Oct | 14-Oct | 15-Oct | 15-Oct | 19-Oct | 3-Nov | 6-Nov | 8-Nov | 11-Nov | 13-Nov |
| RIO BARROW | 02M7LW1MA | 15-Oct | 20-Oct | 21-Oct | 22-Oct | 22-Oct | 26-Oct | 10-Nov | 13-Nov | 15-Nov | 18-Nov | 20-Nov |

PHOEX:

| VESSEL(OCEAN ALLIANCE) | VOYAGE | SHEKOU | | | | | ETA | | | | |
|---|---|---|---|---|---|---|---|---|---|---|---|
| | | OPENING DATE | SI CUT 10:00 | CY CLOSING 12:00 | ETA | ETD | SINGAPORE | IALTA | KOPER | TRIESTE | RIJEEA |
| OOCL AUSTRIA | 0BE7HW1MA | 16-Sep | 22-Sep | 22-Sep | 23-Sep | 24-Sep | 27-Sep | 13-Oct | 16-Oct | 19-Oct | 21-Oct |
| OOCL CONNECTICUT | 0BE7JW1MA | 23-Sep | 29-Sep | 29-Sep | 30-Sep | 1-Oct | 4-Oct | 20-Oct | 23-Oct | 26-Oct | 28-Oct |
| OOCL CALIFORNIA | 0BE7LW1MA | 30-Sep | 6-Oct | 6-Oct | 7-Oct | 8-Oct | 11-Oct | 27-Oct | 30-Oct | 2-Nov | 4-Nov |
| OOCL NEW HAMPSHIRE | 0BE7NW1MA | 7-Oct | 13-Oct | 13-Oct | 14-Oct | 15-Oct | 18-Oct | 3-Nov | 6-Nov | 9-Nov | 11-Nov |

船期表内容解读：

(1) OCEAN ALLIANCE：海洋联盟，是全球班轮市场三大联盟(2M、OCEAN ALLIANCE和THE ALLIANCE)之一。

(2) MEX2/PHOEX：航线服务类型，不同的航线服务，挂靠港口和船型有所不同。

(3) VESSEL：船名；VOYAGE：航次。

(4) POL：启运港；POD：目的港。

(5) ETA：预计到达时间；ETD：预计开航时间。

(6) OPENING DATE/CY OPEN：开港日，即重柜可以还回船公司码头的时间，如果提前还柜，有可能会产生仓租。

(7) SI CUT：提单信息报送截止时间。

(8) CY CLOSING/CUT OFF：截关时间，重柜还码头的截止时间，过了这个时间则无法赶上船期，但可以向船公司申请延迟。

## 二、选择船期的考虑因素

(1) 联盟和服务符合客户要求。

(2) 起运港和目的港符合客户要求。

(3) 集港时间符合客户要求，备货和运输必须在 CY CLOSING/CUT OFF 之前完成。

(4) 到达港口时间符合客户要求。

(5) 运输成本符合客户要求，一般要求运费最低或综合考虑其他条件。

## 三、选择船期的方法

列出客户的要求，使用排除法，逐一对照条件，排除不符合条件的船期，最终剩下符合条件的船期。

世界主要集装箱航线和班轮公司

# 工作任务(一)

扫码获取业务资料，完成工作任务。

工作任务(一)
背景资料

### 任务完成情况评价表

(模块二 任务一 工作任务一)

| 项　　目 | 等　　级 | 自评等级 | 互评等级 | 师评等级 |
|---|---|---|---|---|
| 业务知识掌握全面 | A/B/C/D/E | | | |
| 业务分析处理方法得当 | A/B/C/D/E | | | |
| 表达清晰准确 | A/B/C/D/E | | | |
| 业务处理结果正确 | A/B/C/D/E | | | |
| 综合等级：_____ | 重做等级：_____ | (师评等级C以下需重做) | | |
| 任务小结 | | | | |

## 工作任务(二)

扫码获取业务资料,完成工作任务。

工作任务(二)背景资料

### 任务完成情况评价表

(模块二 任务一 工作任务二)

| 项　　目 | 等　　级 | 自评等级 | 互评等级 | 师评等级 |
| --- | --- | --- | --- | --- |
| 业务知识掌握全面 | A/B/C/D/E | | | |
| 业务分析处理方法得当 | A/B/C/D/E | | | |
| 表达清晰准确 | A/B/C/D/E | | | |
| 业务处理结果正确 | A/B/C/D/E | | | |
| 综合等级:_____ | 重做等级:_____ | | (师评等级C以下需重做) | |
| 任务小结 | | | | |

# 学以明理

扫码阅读,讨论我国外贸业应如何应对舱位紧张情况。

| 项目 | 互评 | 师评 |
|---|---|---|
| 等级A/B/C/D/E | | |
| 评价人 | | |

综合评价等级:_____

# 课后测试

知识点自测

# 任务二　询价报价

## 岗位描述

外贸业务员在安排出运货物前，需要向货运代理或承运人索取报价，而货运代理或承运人收到询价后要进行报价。

## 能力需求

你需要掌握：

1. 货主如何询价？
2. 货运代理依据什么报价？
3. 货运代理报价包含哪些项目？
4. 货运代理如何计算报价？

## 课前案例

扫码阅读，思考导致集装箱长期运价上涨的因素有哪些。

| 项目 | 互评 | 师评 |
| --- | --- | --- |
| 等级A/B/C/D/E | | |
| 评价人 | | |

综合评价等级：_____

# 业务知识

## 一、询价

集装箱运输询价是指货主在运输货物之前,向货运代理或承运人索取报价。

### (一) 询价方式

询价可以使用面商和任何通信联系方式,包括QQ、微信、电邮、传真、电话等。

### (二) 注意事项

(1) 为了能得到准确的报价,询价时需尽量提供详细的信息,包括货物名称、数量、装卸港、装运时间和特殊运输要求等内容。

(2) 询价涉及商业礼仪,体现公司及从业人员的素质,言谈举止大方得体、文件书写格式及措词准确是基本要求。

## 二、货运代理报价的依据

货运代理并不拥有船只,只是凭借集中众多小货主的货物形成大货量,以此从船公司处获得较为优惠的协议运价,因此,货运代理报价应基于船公司的报价。

## 三、货运代理报价的项目

国际货运代理报价通常包括海运费、陆运费(集散运费)、装箱费、港杂费、港口操作费、电放费、报检费、报关费、铅封费、单证费、验货费和代理的操作费等项目。

集装箱运输港口费用

## 四、货运代理报价的计算方法

### (一) 确定报价项目

在某一项业务中,并不一定涉及全部报价项目,因此,报价时首先要确定哪些费用是应计入报价的项目。

### (二) 计算报价

计算每个项目产生的费用,相加得出报价。

### (三) 注意事项

(1) 注意报价的币种,换算相同币种才能相加。

(2) 注意收费单位,通常按箱、吨、立方米、票、单等计收。

(3) 报价一般会加上货代的合理利润。

(4) 可以使用面商和任何通信联系方式,包括QQ、微信、电邮、传真、电话等,但要注意保留证据以备查询。

(5) 报价时要说明交接条款、箱型、航线、船期等信息,分开列明基本运费、港口操作费、附加费、其他费用等。

## 工作任务(一)

扫码获取业务资料,完成工作任务。

工作任务(一)背景资料

### 任务完成情况评价表

(模块二 任务二 工作任务一)

| 项　　目 | 等　　级 | 自评等级 | 互评等级 | 师评等级 |
| --- | --- | --- | --- | --- |
| 业务知识掌握全面 | A/B/C/D/E | | | |
| 业务分析处理方法得当 | A/B/C/D/E | | | |
| 表达清晰准确 | A/B/C/D/E | | | |
| 业务处理结果正确 | A/B/C/D/E | | | |
| 综合等级:_____ | 重做等级:_____ | (师评等级C以下需重做) | | |
| 任务小结 | | | | |

# 工作任务(二)

扫码获取业务资料,完成工作任务。

工作任务(二)
背景资料

### 任务完成情况评价表

(模块二 任务二 工作任务二)

| 项　　目 | 等　　级 | 自评等级 | 互评等级 | 师评等级 |
|---|---|---|---|---|
| 业务知识掌握全面 | A/B/C/D/E | | | |
| 业务分析处理方法得当 | A/B/C/D/E | | | |
| 表达清晰准确 | A/B/C/D/E | | | |
| 业务处理结果正确 | A/B/C/D/E | | | |
| 综合等级:_____ | 重做等级:_____ | (师评等级C以下需重做) | | |
| 任务小结 | | | | |

## 学以明理

扫码阅读,谈谈集装箱运价不断上涨的原因。

阅读资料

| 项目 | 互评 | 师评 |
|---|---|---|
| 等级A/B/C/D/E | | |
| 评价人 | | |

综合评价等级:_____

## 课后测试

知识点自测

# 任务三　箱容利用

## 岗位描述

集装箱运输从业人员要掌握集装箱货物装载数量的计算方法，根据集装箱类型和货物尺寸确定可装货物的数量，尽量多装，但也要考虑实际操作时是否装得下。

## 能力需求

你需要掌握：

1. 不同箱型集装箱的尺寸和限重是多少？
2. 如何计算集装箱货物装载量？
3. 如何选择装载方案？
4. 如何优化集装箱装载量？

## 课前案例

扫码阅读，谈谈集装箱多装货物能降低运输成本的原因。

课前案例

| 项目 | 互评 | 师评 |
|---|---|---|
| 等级A/B/C/D/E | | |
| 评价人 | | |

综合评价等级：_____

## 业务知识

### 一、集装箱尺寸、载重限制

集装箱容积由集装箱内部尺寸决定,如表2-2所示。集装箱装载货物的数量取决于集装箱的内容积和载重量,如表2-3所示。

表2-2 集装箱内部尺寸

| 箱型 | 干货箱 | | | 冷藏箱 | | |
|---|---|---|---|---|---|---|
| | $L$/mm | $W$/mm | $H$/mm | $L$/mm | $W$/mm | $H$/mm |
| 20ft | 5 890 | 2 350 | 2 390 | 5 435 | 2 286 | 2 245 |
| 40ft | 12 029 | 2 350 | 2 390 | 11 552 | 2 266 | 2 200 |
| 箱型 | 开顶箱 | | | 框架箱 | | |
| | $L$/mm | $W$/mm | $H$/mm | $L$/mm | $W$/mm | $H$/mm |
| 20ft | 5 900 | 2 330 | 2 337 | 5 628 | 2 178 | 2 159 |
| 40ft | 12 025 | 2 330 | 2 337 | 11 762 | 2 178 | 1 986 |

表2-3 集装箱内容积及载重量

| 箱型 | 干货箱 | | 冷藏箱 | | 开顶箱 | | 框架箱 | |
|---|---|---|---|---|---|---|---|---|
| | 内容积 | 载重量 | 内容积 | 载重量 | 内容积 | 载重量 | 内容积 | 载重量 |
| 20ft | 33.1 CBM | 21.74 MT | 27.5 CBM | 21.135 MT | 32.6 CBM | 21.74 MT | — | 27.7 MT |
| 40ft | 67.7 CBM | 26.63 MT | 58.7 CBM | 26.58 MT | 56.8 CBM | 26.41 MT | — | 40.3 MT |

### 二、集装箱装载量的计算方法

#### (一)货物在箱内摆放方法

如果货物的长度和宽度不一样,那么货物在集装箱内的摆放方法有两种,如图2-1、图2-2所示。

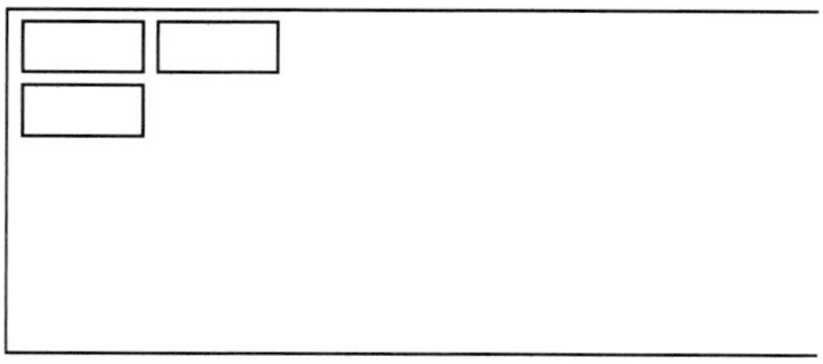

图2-1 竖摆

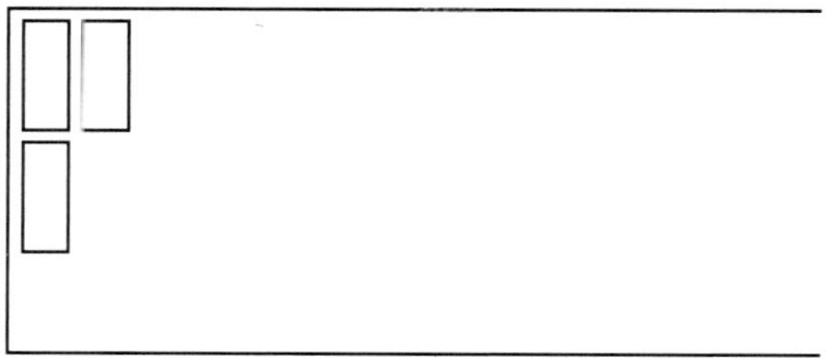

图2-2 横摆

#### (二)计算过程

(1) 计算集装箱长度方向可装载货物的件数,计算公式为

长度可装件数(取整)=集装箱内部长度÷货物尺寸

注意：应区分横摆时货物尺寸是指其宽度，竖摆时货物尺寸是指其长度。

(2) 计算集装箱宽度方向可装载货物的件数，计算公式为

宽度可装件数(取整)=集装箱内部宽度÷货物尺寸

(3) 计算集装箱高度方向可装载货物的件数，计算公式为

高度可装件数(取整)=集装箱内部高度÷货物高度

(4) 计算每层可装载数量，计算公式为

每层可装载数量=长度可装件数×宽度可装件数

(5) 计算整箱可装件数，计算公式为

整箱可装件数=每层可装载数量×高度可装件数

## 三、依据计算结果选择装载方案

当有两种装载方案可供选择，需要考虑两个因素。

### (一) 装载数量

优先考虑装载数量较多的方案。

### (二) 方案的可行性

在某些情况下，在实际装箱时往往无法装进计算好的可装数量，这是因为计算方案留下的余量不足。在集装箱长、宽、高三个方向上，长度方向的余量对货物能否完全装载至关重要，因此，必须比较长度方向的余量，选择余量较大的计算方案，如图2-3所示。余量计算公式为

长度方向余量=箱内长度-可装件数×货物尺寸

图2-3 装载长度方向余量

例如，20GP集装箱长度为589cm，假设货物长度为90cm，图2-3中货物装载件数为6件，则长度方向余量=589-90×6 = 49cm。

### 四、集装箱装载方案的优化

选择集装箱货物装载方案时，可以将横摆和竖摆相结合对方案进行优化。在图2-4中，横摆2件货物后，宽度剩余空间不足以装下横摆的第3件货物，但可以纵摆1件货物，这样组合装载，可以更好地利用集装箱的空间，达到装载方案的最优化。

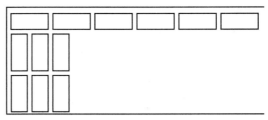

图2-4　装载方案的优化

桐油3D装载演示

# 工作任务(一)

扫码获取业务资料,完成工作任务。

工作任务(一)
背景资料

## 任务完成情况评价表

(模块二 任务三 工作任务一)

| 项 目 | 等 级 | 自评等级 | 互评等级 | 师评等级 |
|---|---|---|---|---|
| 业务知识掌握全面 | A/B/C/D/E | | | |
| 业务分析处理方法得当 | A/B/C/D/E | | | |
| 表达清晰准确 | A/B/C/D/E | | | |
| 业务处理结果正确 | A/B/C/D/E | | | |

综合等级:_____     重做等级:_____     (师评等级C以下需重做)

| 任务小结 | |
|---|---|

## 工作任务(二)

扫码获取业务资料,完成工作任务。

工作任务(二)
背景资料

<br><br><br><br><br><br><br><br><br><br><br><br><br>

**任务完成情况评价表**

(模块二 任务三 工作任务二)

| 项目 | 等级 | 自评等级 | 互评等级 | 师评等级 |
| --- | --- | --- | --- | --- |
| 业务知识掌握全面 | A/B/C/D/E | | | |
| 业务分析处理方法得当 | A/B/C/D/E | | | |
| 表达清晰准确 | A/B/C/D/E | | | |
| 业务处理结果正确 | A/B/C/D/E | | | |
| 综合等级:_____ | | 重做等级:_____ | | (师评等级C以下需重做) |
| 任务小结 | | | | |

## 学以明理

某公司通过不断优化包装设计和装箱方案，使集装箱空间利用率由原来的75%提高到90%，全年节约海运费4.5万美元。该公司精益求精的做法给你带来什么启示？

| 项目 | 互评 | 师评 |
|---|---|---|
| 等级A/B/C/D/E | | |
| 评价人 | | |

综合评价等级：_____

## 课后测试

知识点自测

# 任务四　托运订舱

## 岗位描述

出口商备妥货物后，自行或委托货运代理进行订舱，订舱需要缮制集装箱货物托运单，随同相关单据交由船公司或船舶代理公司以申请舱位。

## 能力需求

你需要掌握：

1. 如何订舱？
2. 订舱使用什么单证？流转程序如何？
3. 托运单包括哪些内容？如何填制？

## 课前案例

扫码阅读，谈谈遇到甩柜情况的处理方法。

| 项目 | 互评 | 师评 |
| --- | --- | --- |
| 等级A/B/C/D/E | | |
| 评价人 | | |

综合评价等级：_____

# 业务知识

## 一、订舱业务

出口商根据贸易合同或信用证有关条款的规定,在货物托运之前一定时间内,可向船舶公司或其代理人或经营集装箱运输业务的其他人申请订舱。出口商可以直接订舱或委托货运代理人申请订舱。

## 二、订舱流程

(1) 货主向多个货运代理人询价,综合考虑成本和服务,选择货运代理人。

(2) 填制出口货物订舱委托书,签章交给货运代理人,完成委托。

(3) 货运代理人收到委托书后,根据船公司要求,缮制订舱单,发送订舱号或提单号以及订舱资料(一般要求提前14天)。

(4) 船东放舱,发放订舱凭证(shipping order,S/O),订舱完成。

出口货物订舱委托书

出运委托业务流程

## 三、订舱单证

### (一) 托运单的定义

托运单(booking note,B/N)是订舱使用的单证。我国在1990年进行的集装箱多式联运工业性实验中使用的"场站收据联单"与通常的托运单一样,在订舱中使用,如表2-4所示。

集装箱多式联运工业性试验三大单证

### (二) 托运单的构成

托运单一般由10联构成,每联有不同的作用。

其中,第5联"装货单联"又称关单、下货纸、订舱凭证,是船公司或其代理签发给货运托运人的一种通知船方装货的凭证,即S/O。S/O一经签发,承运及托运双方即受其约束,同时经海关查验后,在S/O上加盖海关放行章,表示该票货物已允许装船出口,这时才能要求船长装货。第6联"大副联"(mate receipt,M/R)是交给外轮大副的一联,如果该联对货物有不良记录,大副会将记录转移到提单上,形成"不清洁提单"。托运单各联构成如表2-5所示。

### (三) 托运单的流转使用

托运单并非只用于订舱，而是贯穿从订舱到装船出提单整个业务流程，如图2-5所示。

表2-4 托运单

| 付货人 Shipper(英文) | | | **中远集装箱运输有限公司** COSCO CONTAINER LINES TEL：××××× COSCO CN　FAX：+86(021) 6545 ×××× 托运单 SHIPPING ORDER | |
|---|---|---|---|---|
| 收货人 Consignee(英文) | | | | |
| 通知人 Notify Address(英文) | | | | |
| 收货地点 | 装货港 | | B/L NO. | |
| | | | CY—CY　　　CY—DOOR　　　CY—CFS | |
| 转运港(英文) | 目的地(英文) | | 可否分批 | 可否转船 |
| 标志、柜号 | 件数、包装种类及货名(英文) | | 毛重/千克 | 尺码/立方米 |
| | | | 委托人签名及盖章： | |
| | 20'×　　40'GP×　　40'HQ× | | | |
| | 船公司 | 截关日 | 启运港 | |
| 运费支付 | 预　付　部　分 | | 到　付　部　分 | |
| | Total: | | Total: | |
| 提单： | | | 发票： | |
| 特别事项： | | | | |

表2-5 托运单各联构成

| 序号 | 名称 | 颜色 | 用途 |
|---|---|---|---|
| 1 | 集装箱货物托运单——货方留底 | 白色 | 托运人留存备查 |
| 2 | 集装箱货物托运单——船代留底 | 白色 | 缮制装船清单、积载图、预制提单 |
| 3 | 运费通知(1) | 白色 | 计算运费 |
| 4 | 运费通知(2) | 白色 | 运费收取通知 |
| 5 | 装货单——场站收据副本(1) | 白色 | 报关并作为装货指示 |
|   | 缴纳出口货物港杂费申请书 | 白色 | 港方计算港杂费 |
| 6 | 场站收据副本(2)——大副联 | 粉红色 | 报关，船上留存备查 |
| 7 | 场站收据 | 淡黄色 | 报关，船代凭以签发提单 |
| 8 | 货代留底 | 白色 | 缮制货物流向单 |
| 9 | 配舱回单(1) | 白色 | 货代缮制提单等 |
| 10 | 配舱回单(2) | 白色 | 根据回单批注修改提单 |

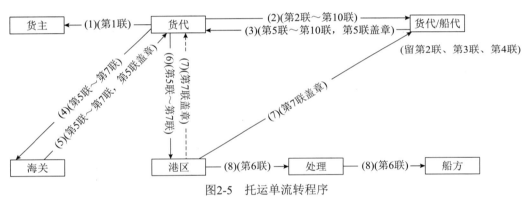

图2-5 托运单流转程序

## (四) 托运单的填制

托运单通常应该填制如下内容。

(1) 起运港以及承运人收到集装箱的城市。

(2) 目的港以及货运目的地。

(3) 发货人以及发货人的代理人(通知人)。

(4) 货名、数量、吨数、货物外包装、货物种类以及特种货的情况说明。

(5) 集装箱的种类、规格和箱数。

(6) 集装箱的交接地点及方式。

(7) 填明内陆承运人是由发货人或其代理人(代理公司)还是船公司安排。

(8) 在装卸区堆场交接时，应注明装箱地点、日期及重箱运到堆场的承运人和运到日期。

## 工作任务(一)

扫码获取业务资料,完成工作任务。

工作任务(一)
背景资料

| 发货人 Shipper(英文) | | 广西防城港外轮代理公司 防城港市金港大道90号 TEL: 0770-335××××, FAX: 0770-335×××× **托运单** SHIPPING ORDER | | |
|---|---|---|---|---|
| 收货人 Consignee(英文) | | | | |
| 通知人 Notify Address(英文) | | | | |
| 收货地点 | 装货港 | B/L NO. | | |
| 转运港(英文) | 目的地(英文) | CY—CY　　CY—DOOR　　CY—CFS | | |
| | | 可否分批 | 可否转船 | |
| 标志、柜号 | 件数、包装种类及货名(英文) | | 毛重/千克 | 尺码/立方米 |
| | | | | |
| | | | 委托人签名及盖章: | |
| | 20'× 　　40'GP× 　　40'HQ× | | | |
| | 船公司　　　截关日　　　起运港 | | | |
| 运费支付 | 预 付 部 分　Total: | | 到 付 部 分　Total: | |
| 提单: | | 发票: | | |
| 特别事项: | | | | |

### 任务完成情况评价表

(模块二 任务四 工作任务一)

| 项　　目 | 等　　级 | 自评等级 | 互评等级 | 师评等级 |
|---|---|---|---|---|
| 业务知识掌握全面 | A/B/C/D/E | | | |
| 业务分析处理方法得当 | A/B/C/D/E | | | |
| 表达清晰准确 | A/B/C/D/E | | | |
| 业务处理结果正确 | A/B/C/D/E | | | |
| 综合等级：_____ | 重做等级：_____ | (师评等级C以下需重做) | | |
| 任务小结 | | | | |

# 工作任务(二)

扫码获取业务资料,完成工作任务。

工作任务(二)
背景资料

中国海洋运输代理公司
CHINA OCEAN SHIPPING AGENCY
留　底
COUNTERFOIL　　　S/O No. ⋯⋯⋯⋯

船名　　　　　　　　航次　　　　　　　　　目的港
Vessel　　　　　　　Voy⋯⋯⋯⋯⋯⋯⋯　　For⋯⋯⋯⋯⋯⋯⋯
Name⋯⋯⋯⋯⋯⋯⋯⋯

托运人 Shipper

⋯⋯⋯⋯⋯⋯⋯⋯⋯⋯⋯⋯⋯⋯⋯⋯⋯⋯⋯⋯⋯⋯⋯⋯⋯⋯⋯⋯⋯⋯⋯

收货人 Consignee

⋯⋯⋯⋯⋯⋯⋯⋯⋯⋯⋯⋯⋯⋯⋯⋯⋯⋯⋯⋯⋯⋯⋯⋯⋯⋯⋯⋯⋯⋯⋯

通知 Notify

⋯⋯⋯⋯⋯⋯⋯⋯⋯⋯⋯⋯⋯⋯⋯⋯⋯⋯⋯⋯⋯⋯⋯⋯⋯⋯⋯⋯⋯⋯⋯

| 标记及号码<br>Marks & No. | 件数<br>Quantity | 货名<br>Description of goods | 毛重量/公斤<br>Gross weight/kg | 尺码/立方米<br>Measurement/m³ |
|---|---|---|---|---|
|  |  |  |  |  |

共计件数(大写)
Total number of packages in writing

| 委托号 |  | 可否转船 |  |
|---|---|---|---|
| 装船期 |  | 可否分批 |  |
| 结汇期 |  | 存货地点 |  |
| 总尺码 |  |  |  |

### 任务完成情况评价表

(模块二 任务四 工作任务二)

| 项　　目 | 等　　级 | 自评等级 | 互评等级 | 师评等级 |
|---|---|---|---|---|
| 业务知识掌握全面 | A/B/C/D/E | | | |
| 业务分析处理方法得当 | A/B/C/D/E | | | |
| 表达清晰准确 | A/B/C/D/E | | | |
| 业务处理结果正确 | A/B/C/D/E | | | |
| 综合等级：_____ | 重做等级：_____ | (师评等级C以下需重做) | | |
| 任务小结 | | | | |

## 学以明理

扫码阅读，谈谈你对未来集装箱运输智能化的看法。

_____
_____
_____
_____
_____
_____
_____
_____
_____

| 项目 | 互评 | 师评 |
|---|---|---|
| 等级A/B/C/D/E | | |
| 评价人 | | |

综合评价等级：_____

## 课后测试

知识点自测

# 任务五　空箱提取

## 岗位描述

取得订舱凭证，订舱成功后，外贸业务员需要联系托车行，指派司机携带相应单证到码头堆场提取空箱，以便装箱并及时返回码头，装船出运。

## 能力需求

你需要掌握：

1. 如何提取空箱？
2. 空箱提取使用哪些单证？如何填制？
3. 如何计算滞箱费？

## 课前案例

扫码阅读，谈谈什么是滞箱费以及产生滞箱费的原因。

| 项目 | 互评 | 师评 |
| --- | --- | --- |
| 等级A/B/C/D/E | | |
| 评价人 | | |

**综合评价等级：_____**

## 业务知识

### 一、空箱提取流程

在集装箱运输实务中，集装箱一般掌握在船公司手中，并存放于各集装箱码头。如果是整箱货运输，由发货人(发货人一般委托拖车行)到集装箱码头堆场提取空箱；如果是拼箱货运输，则由集装箱货运站负责提取空箱。在由发货人到集装箱码头堆场提取空箱时，发货人与集装箱码头应对空箱办理交接，并填制集装箱设备交接单。

提取空箱时，应由船公司(箱主)向码头堆场(管箱人)出具放箱通知，再由发货人(用箱人)向码头提出作业申请，最后派人派车前往堆场完成提箱。空箱提取流程如图2-6所示。

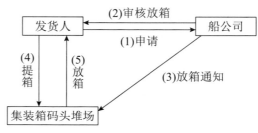

图2-6 空箱提取流程

#### (一) 放箱通知

发货人订舱成功，即意味着船公司免费提供空箱供其使用。而发货人要提取空箱，应向船公司取得放箱通知，方可向管箱人办理提箱手续。

集装箱放箱通知

#### (二) 作业申请

发货人要提取空箱，事先必须填制作业申请书，向码头提出申请。

#### (三) 提取空箱

发货人一般通过货运代理委托托车行提取空箱，具体由拖车司机执行。拖车司机提箱时，须填写集装箱设备交接单，与码头管箱人进行集装箱的检查和交接。

集装箱设备交接单

集装箱闸口业务流程

### 二、滞箱费

发货人提取空箱后要及时返还，船公司一般会给予7~15天不等的免费期限，超出期限不返还，发货人就必须向船公司支付滞箱费。滞箱费率如表2-6所示。

表2-6 滞箱费率

■ North China- Revision of Export and Import Detention Tariff

August 31, 2016

Dear Customer：

We would like to inform you that with effect from October 1, 2016 Hapag-Lloyd will revise the Export and Import Detention Tariff (MHO / MHD) for all shipments from / to North and Central China as follows:

| Period | 20'ft Standard and Special Container | | | 40'ft Standard and Special Container | | |
|---|---|---|---|---|---|---|
| | Calendar Days | Curr. | Rate per day | Calendar Days | Curr. | Rate per day |
| freetime | 10 | | | 10 | | |
| 1st period | 8 | CNY | 200 | 8 | CNY | 400 |
| thereafter | | CNY | 340 | | CNY | 680 |

| Period | 20'ft Reefer Container | | | 40'ft Reefer Container | | |
|---|---|---|---|---|---|---|
| | Calendar Days | Curr. | Rate per day | Calendar Days | Curr. | Rate per day |
| freetime | 4 | | | 4 | | |
| 1st period | 6 | CNY | 300 | 6 | CNY | 600 |
| 2nd period | 10 | CNY | 440 | 10 | CNY | 880 |
| thereafter | | CNY | 780 | | CNY | 1560 |

Notes:
Tariff day count refers to calendar days, start from the arrival day, including Saturdays, Sundays and Public Holidays.

空箱提取
业务流程和
单证要求

# 工作任务(一)

扫码获取业务资料,完成工作任务。

工作任务(一)
背景资料

**作业申请书(　　　)**

编号:

防城港务集团集装箱公司:

我司现有以下集装箱/货物申请贵司安排作业,有关海关或商检等手续已办妥,具体作业要求如下,请贵司安排为荷。

| 货主/代理 | | | |
|---|---|---|---|
| 付款单位 | | 目的港 | |
| 船名/航次 | | 船期 | 年　月　日 |
| 提单号 | | 作业方式 | □ 出口空箱外拖 |
| 箱主 | | | □ 进口重箱外拖 |
| 箱量/箱型 | | 货名 | |
| 车牌号 | | 外拖地址 | |
| | | 提箱时间 | |
| 箱号/铅封号 | | | |
| 作业要求 | | | |

附:出口箱需于船期前2天下达。

申请单位(盖章):
年　月　日

**XXX港务局集装箱公司**

(CONTAINER COMPANY FOR CHINA SINOTRANS)　　**OUT**

集装箱发放/设备交接单　　　　　　　　　　　　出场

EQUIPMENT INTERCHANGE RECEIPT　　NO.

| 用箱人/运箱人(CONTAINER USER/HAULIER) | | 提箱地点(PLACE OF DELIVERY) | |
|---|---|---|---|
| 发往地点(DELIVERED TO) | | 返回/收箱地点(PLACE OF RETURN) | |
| 船名/航次(VESSEL/VOYAGE NO.) | 集装箱号(CONTAINER NO.) | 尺寸/类型(SIZE/TYPE) | 营运人(CNTR OPTR) |
| 提单号(B/L NO.) | 铅封号(SEAL NO.) | 免费期限(FREE TIME PERIOD) | 运载工具牌号(TRUCK,WAGON, BARGE NO.) |
| 出场目的/状态(PPS OF GATE-OUTSTATUS) | 进场目的/状态(PPS OF GATE-OUTSTATUS) | | 出场日期(TIME-OUT) |

出场检查记录(INSPECTION AT THE TIME OF INTERCHANGE)

| 普通集装箱(GP CONTAINER) | 冷藏集装箱(RF CONTAINER) | 特种集装箱(SPECIAL CONTAINER) | 发电机(GEN SET) |
|---|---|---|---|
| □ 正常(SOUND)<br>□ 异常(DEFECTIVE) | □ 正常(SOUND)<br>□ 异常(DEFECTIVE) | □ 正常(SOUND)<br>□ 异常(DEFECTIVE) | □ 正常(SOUND)<br>□ 异常(DEFECTIVE) |

损坏记录及代号(DAMAGE & CODE)　　BR 破损(BROKEN)　　D 凹损(DENT)　　M 丢失(MISSING)　　DR 污箱(DIRTY)　　DL 危标(DGLABEL)

左侧(LEFT SIDE)　　右侧(RIGHT SIDE)　　前部(FRONT)　　集装箱内部(CONTAINER INSIDE)

顶部(TOP)　　底部(FLOOR BASE)　　箱门(REAR)　　如有异状,请注明程度及尺寸(REMARK)

除列明者外，集装箱及集装箱设备交换时完好无损，铅封完整无误。
THE CONTAINER/ASSOCIATED EQUIPMENT INTERCHANGE IN SOUND CONDITION AND SEAL INTACT UNLESS OTHERWISE STATED

用箱人/运箱人签署　　　　　　　　　码头/堆场值班员签署
(CONTAINER USER/HAULIER'S SIGNATURE)　　(TERMINAL/DEPOT CLERK'S SIGNATURE)

## 任务完成情况评价表

(模块二 任务五 工作任务一)

| 项　目 | 等　级 | 自评等级 | 互评等级 | 师评等级 |
|---|---|---|---|---|
| 业务知识掌握全面 | A/B/C/D/E | | | |
| 业务分析处理方法得当 | A/B/C/D/E | | | |
| 表达清晰准确 | A/B/C/D/E | | | |
| 业务处理结果正确 | A/B/C/D/E | | | |
| 综合等级：_____ | 重做等级：_____ | (师评等级C以下需重做) | | |
| 任务小结 | | | | |

# 工作任务(二)

扫码获取业务资料,完成工作任务。

工作任务(二)
背景资料

---

**任务完成情况评价表**

(模块二 任务五 工作任务二)

| 项　　目 | 等　　级 | 自评等级 | 互评等级 | 师评等级 |
|---|---|---|---|---|
| 业务知识掌握全面 | A/B/C/D/E | | | |
| 业务分析处理方法得当 | A/B/C/D/E | | | |
| 表达清晰准确 | A/B/C/D/E | | | |
| 业务处理结果正确 | A/B/C/D/E | | | |

综合等级:_____　　　重做等级:_____　　　(师评等级C以下需重做)

| 任务小结 | |
|---|---|
| | |

## 学以明理

扫码阅读，讨论空箱紧张的原因和对策。

| 项目 | 互评 | 师评 |
|---|---|---|
| 等级A/B/C/D/E | | |
| 评价人 | | |

综合评价等级：_____

## 课后测试

知识点自测

# 任务六　货物装载

## 岗位描述

提取空箱后，外贸业务员要安排货物装箱，装箱前要进行集装箱检查，装载时要按照要求装载以确保货物安全，装载完成后填制装箱单。

## 能力需求

你需要掌握：

1. 装箱由谁来实施？
2. 装箱前如何检查集装箱？
3. 货物装箱遵循哪些基本原则？
4. 装箱单有何作用？如何填制？

## 课前案例

某公司装运一批茶叶，使用1×20GP。集装箱到达仓库后，装箱工人开始装箱。货物经海运到达目的地，收货人反馈，集装箱有异味。经检查，茶叶受到不同程度的串味污染，收货人因此要求降价10%。经查，曾有装箱工人反映集装箱内部有几处液体残留痕迹，并且闻到刺鼻气味，但为了抓紧时间装货，就没太在意。谈一谈本案例给你的启示。

| 项目 | 互评 | 师评 |
| --- | --- | --- |
| 等级A/B/C/D/E | | |
| 评价人 | | |

综合评价等级：_____

# 业务知识

## 一、装箱主体

不同集港方式下,装箱的主体、地点有所不同,如表2-7所示。

表2-7 不同集港方式比较

| 集港方式 | 装箱地点 | 装箱人 | 装箱单缮制人 | 装箱费用承担人 |
|---|---|---|---|---|
| 外拖 | DOOR | 发货人自装 | SHIPPER | 发货人 |
| 港装 | CFS | 货运站 | CFS | 发货人 |

## 二、集装箱的检查

在装载货物之前,必须严格检查集装箱,确保集装箱状态良好。通常,对集装箱应做以下检查。

(1) 外部检查,确保无缺件、无裂纹,内凹不超过35mm,外凸不超过角件外平面。
(2) 内部检查,确保无透光。
(3) 清洁检查,确保无油污、无潮湿、无异味、无杂物。
(4) 箱门检查,确保可开启270°,水密性好。
(5) 附属件的检查,确保无缺件、无损坏。

空箱使用前检查内容

## 三、集装箱货物的装载

### (一) 一般装载原则

**1. 重量合理分配**

货物重量不能超过集装箱的最大装载量,箱内负荷不得偏于一端或一侧。

**2. 货物的必要衬垫**

要避免产生集中载荷,箱底应铺上木板等衬垫材料,尽量分散其负荷。

**3. 货物的合理固定**

采用支撑、塞紧、系紧等方法,防止货物在箱内移动。

**4. 货物合理混装**

轻货要放在重货上面;包装强度低的货物要放在包装强度高的货物上面;从包装中会渗漏灰尘、液体、潮气、臭气等的货物,与其他货物混装时,要用帆布、塑料薄膜或其他衬垫材料隔开;带有尖角或突出部件的货物,要把尖角或突出部件保护起来,不使它损坏其他货物。

### (二) 特殊货物的装箱

特殊货物在装箱时除应注意杂货装箱的基本事项外,还应根据特殊货物的特点对运输和装卸的影响来考虑特殊货物的选箱和装箱工作。

特殊货物的装箱要求

## 四、装箱单

### (一) 装箱单的含义及其作用

装箱单(container load plan，CLP)是集装箱运输特有单据，用集装箱载货时，都要制作装箱单，它具有如下作用。

(1) 在装货地点，装箱单可作为向海关申报货物出口的代用单据。

(2) 装箱单可作为发货人、集装箱货运站与集装箱码头堆场之间的货物交接单。

(3) 装箱单可作为集装箱所装货物的明细表。

(4) 在卸货地，装箱单可作为办理集装箱保税运输的单据之一。

(5) 装箱单上所记载的货物与集装箱的总重量是计算船舶吃水差、稳定性的基本数据。

### (二) 装箱单的流转

装箱单的流转程序如图2-7所示。

(1) 装箱人缮制实际装箱单并签署，装箱单一式五联。

(2) 拖车司机携五联装箱单将集装箱送至集装箱堆场。

(3) 堆场收箱人员签字并写明收箱日期。

(4) 堆场收箱人留下码头联、船代联和承运人联，并将发货人/装箱人联退还给发货人或装箱人。

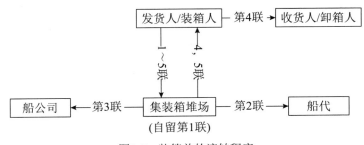

图2-7 装箱单的流转程序

### (三) 装箱单的填制

装箱人根据已装进集装箱的货物在集装箱内(从前端至箱门)的顺序，详细记载货物的名称、数量等内容。

装箱单范本

# 工作任务(一)

扫码获取业务资料,完成工作任务。

工作任务(一)
背景资料

## 装箱单
## CONTAINER LOAD PLAN

| 船名<br>Ocean Vessel | 航次<br>Voy. No. | 收货地点<br>Place of Receipt<br>□ 场 CY  □ 站 CFS  □ 门 Door | | | 装货港<br>Port of Loading | 卸货港<br>Port of Discharge | 交货地点<br>Place of Delivery<br>□ 场 CY  □ 站 CFS  □ 门 Door | |
|---|---|---|---|---|---|---|---|---|

集装箱号 Container No.
集装箱规格 Type of Container: 20  40
铅封号 Seal No.
冷藏温度 Reefer. Temp. Required  °F  °C

| 箱主<br>Owner | 提单号码 | 1.发货人<br>Shipper | 2.收货人<br>Consignee | 3.通知人<br>Notify | 标志和号码<br>Marks & Numbers | 件数及包装种类<br>No. & Kind of Pkgs. | 货名<br>Description of Goods | 重量(千克)<br>Weight(kg) | 尺码(立方米)<br>Measurement (m³) |
|---|---|---|---|---|---|---|---|---|---|
| | | | | | 底 Front | | | | |
| | | | | | 门 Door | | 总件数<br>Total Number of Packages<br>重量及尺码总计<br>Total Weight & Measurement | | |

| 危险品要注明危险品标志分类及闪点<br>In case of dangerous goods,plesae enter the lable classification and flash point of the goods | 重新铅封号<br>New Seal No. | 开封原因<br>Reason for Breaking seat | 装箱日期 Date of Vanning:<br>装箱地点 at:<br>(地点及国名 Place & Country) | 皮重<br>Tare Weight |
|---|---|---|---|---|
| | 出口<br>Export | 驾驶员签收<br>Received by Drayman | 堆场签收<br>Received by CY | 装箱人<br>Packed by:<br>发货人/货运站<br>(Shipper/CFS)<br>签署<br>Signed | 总毛重<br>Gross Weight |
| | 进口<br>Import | 驾驶员签收<br>Received by Drayman | 货运站签收<br>Received by CFS | | 发货人/货运站留存<br>1.Shipper/CFS<br>(1)一式十份,此栏每份不同 |

## 任务完成情况评价表

(模块二 任务六 工作任务一)

| 项 目 | 等 级 | 自评等级 | 互评等级 | 师评等级 |
|---|---|---|---|---|
| 业务知识掌握全面 | A/B/C/D/E | | | |
| 业务分析处理方法得当 | A/B/C/D/E | | | |
| 表达清晰准确 | A/B/C/D/E | | | |
| 业务处理结果正确 | A/B/C/D/E | | | |

综合等级:_____    重做等级:_____    (师评等级C以下需重做)

任务小结

# 工作任务(二)

扫码获取业务资料,完成工作任务。

**集装箱货物混装须知**

_____
_____
_____
_____
_____
_____
_____
_____
_____
_____
_____
_____
_____
_____
_____
_____
_____
_____
_____
_____

**任务完成情况评价表**

(模块二 任务六 工作任务二)

| 项　目 | 等　级 | 自评等级 | 互评等级 | 师评等级 |
|---|---|---|---|---|
| 业务知识掌握全面 | A/B/C/D/E | | | |
| 业务分析处理方法得当 | A/B/C/D/E | | | |
| 表达清晰准确 | A/B/C/D/E | | | |
| 业务处理结果正确 | A/B/C/D/E | | | |

综合等级:_____　　重做等级:_____　　(师评等级C以下需重做)

| 任务小结 | |
|---|---|
| | |

## 学以明理

扫码阅读,谈谈你对集装箱运输公司守法经营的看法。

| 项目 | 互评 | 师评 |
|---|---|---|
| 等级A/B/C/D/E | | |
| 评价人 | | |

综合评价等级:_____

## 课后测试

# 任务七　出口报关

## 岗位描述

报关员、外贸业务员需要填写报关委托书和报关单，准备好所需单证，依照流程完成对出口货物和集装箱箱体的出口申报。

## 能力需求

你需要掌握：

1. 出口报关主体有哪些？
2. 出口报关流程包括哪些环节？
3. 出口报关需要哪些单据？
4. 如何填制出口报关委托书和报关单？

## 课前案例

扫码阅读，谈谈你对出口报关瞒报、漏报的看法。

课前案例

| 项目 | 互评 | 师评 |
| --- | --- | --- |
| 等级A/B/C/D/E | | |
| 评价人 | | |

综合评价等级：_____

## 业务知识

### 一、报关主体

报关主体分为报关企业和进出口货物收发货人两种类型。

#### (一) 报关企业

我国从事报关服务的报关企业主要有两类：一类是经营国际货物运输代理等业务，兼营进出口货物代理报关业务的国际货物运输代理公司等；另一类是主营代理报关业务的报关公司或报关行。

#### (二) 进出口货物收发货人

进出口货物收发货人是指依法向国务院对外贸易主管部门(即商务部)或者其委托的机构办理备案登记的对外贸易经营者。除法律、行政法规、部门规章规定不需要备案登记的情况，对外贸易经营者未依法办理备案登记的，海关不予办理其货物进出境海关手续。

### 二、出口货物报关业务流程

出口货物应当在运抵海关监管场所后、装货24小时前按流程向海关申报，具体流程如图2-8所示。申报日期是指当事人申报的电子数据报关单或纸质报关单被海关接受申报数据的日期。出口货物及过境、转运、通运货物均不征收滞报金。

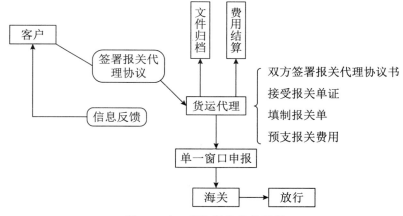

图2-8 出口货物报关业务流程

### 三、出口报关单证

申报单证分为报关单和随附单证两大类。此外，代理报关时需要提供代理报关委托书。

"一次申报、分步处置"通关作业流程

#### (一) 代理报关委托书

代理报关委托书是托运人委托承运人或其代理人办理报关等通关事宜，明确双方责任和义务的书面证明。

## (二) 报关单

报关单是指进出口货物报关单或者具有进出口货物报关单性质的单证。如特殊监管区域进出境备案清单、进出口货物集中申报清单、ATA单证册、过境货物报关单等。货物报关单如表2-8所示。

表2-8　货物报关单

预录入编号：　1286490　　海关编号：286490　　(广州机场) 仅供核对用　　　　页码/页数：1/3

| 境内收货人<br>(9144010××××7170X8)<br>×××××贸易有限公司 | 进境类别(5141)<br>广州机场 | 进口日期<br>20210901 | 申报日期<br>20210901 | 备案号 |
|---|---|---|---|---|
| 境外发货人 AG×××× | 运输方式(5)<br>航空运输 | 运输工具名称及航次号<br>QR8486 | 提运单号<br>15760601516 | 货物存放地点<br>南航货站 |
| 消费使用单位<br>(9144K××××7170X8)<br>×××××贸易有限公司 | 监管方式(0110)<br>一般贸易 | 征免性质(101)<br>一般征税 | 许可证号 | 启运港(DEU000)<br>德国 |
| 合同协议号<br>806299 | 贸易国(地区)(DEU)<br>德国 | 启运国(地区)(DEU)<br>德国 | 经停地<br>(QAT003)<br>多哈(卡塔尔) | 入境口岸(442301)<br>广州白云国际机场 |
| 包装种类(93/22)<br>天然木托/纸制<br>或纤维板制盒/箱 | 件数<br>(千克)<br>1 | 毛重<br>(千克)<br>61 | 净重<br>(千克)<br>49.1768 | 成交方式<br>(2) C&F | 运费<br>保费<br>000/0.3/1 | 杂费 |
| 随附单证及编号 | 随附单证2：代理报关委托协议(电子)；发票 ||||
| 标记唛码及备注 | 备注：大品牌, 非医疗器械N/M ||||

| 项号 商品号 | 商品名称及<br>规格型号 | 数量及<br>单位 | 单价/总价/<br>币制 | 原产国<br>(地区) | 最终目的国<br>(地区) | 境内目的地 | 征免 |
|---|---|---|---|---|---|---|---|
| 1　8207909000 | 钨钢刀轮<br>4\|3\|切割玻璃用\|钨钢\|钨钢刀轮不带工作部件\|牌子：×××hnitt, 无中文品牌 | 0.3744千克<br>800件<br>8盒 | ×××75<br>××××××58<br>××××××欧元 | 德国<br>(DEU) | 中国<br>(CHN) | (44019/440100)<br>广州其他/广东省广州市 | 照章征税<br>(1) |
| 2　8207909000 | 塑料刀架(含刀轮)<br>4\|3\|切割玻璃用\|塑料刀架+钨钢刀轮\|塑料刀架(含刀轮)\|不带工作部件\|牌子：S | 0.195千克<br>150件<br>150个 | ×××24<br>××××××52<br>××××××欧元 | 德国<br>(DEU) | 中国<br>(CHN) | (44019/440100)<br>广州其他/广东省广州市 | 照章征税<br>(1) |

## (三) 随附单证

随附单证是指随进出口货物报关单提交海关核验的单证，或海关要求提供的单证。随附单证包括基本单证、特殊单证。

基本单证包括进出口货物的货运单据和商业单据，主要有进口提货单据、出口装货单据、商业发票、装箱单等。

特殊单证包括对进出口货物涉及特殊管制规定的单证、专业性单据。特殊管制规定的单证主要有进出口许可证件、加工贸易电子化手册和电子账册、征免税证明、原产地证明书等。专业性单据包括实施准入管理的证明、实施产品资质管理的证明、实施企业资质管理的证明、评估或验证类文件资料和涉及国家技术规范强制要求的证明材料等。

除海关特许外，出口货物的发货人或代理人应当在装船24小时之前向海关申报。如果在这一规定的期限之前没有向海关申报，海关可以拒绝接受通关申报。

出口报关单表头填制说明

出口报关单表体填制说明

中国国际贸易"单一窗口"标准版——关检融合统一申报详解

# 工作任务(一)

扫码获取业务资料,填制报关委托书及委托报关协议。

工作任务(一)
背景资料

## 代 理 报 关 委 托 书

编号:_____

我单位现_____(A.逐票、B.长期)委托贵公司代理____等通关事宜 [ A.填单申报; B.申请、联系和配合实施检验检疫; C.辅助查验; D.代缴税款; E.设立手册(账册); F.核销手册(账册); G.领取海关相关单证; H.其他],详见《委托报关协议》。

我单位保证遵守海关有关法律、法规、规章,保证所提供的情况真实、完整,单货相符,无侵犯他人知识产权的行为;否则,愿承担相关法律责任。

本委托书有效期自签字之日起至_____年_____月_____日止。

委托方(盖章)

法定代表人或其授权签署《代理报关委托书》的人(签字)

年    月    日

## 委 托 报 关 协 议

为明确委托报关具体事项和各自责任,双方经平等协商签订协议如下:

| 委托方 | | | 被委托方 | | |
|---|---|---|---|---|---|
| 主要货物名称 | | | *报关单编码 | No. | |
| HS编码 | □□□□□□□□□□ | | 收到单证日期 | | 年 月 日 |
| 进/出口日期 | 年 月 日 | | 收到单证情况 | 合同□ | 发票□ |
| 提(运)单号 | | | | 装箱清单□ | 提(运)单□ |
| 贸易方式 | | | | 加工贸易手册□ | 许可证件□ |
| 数(重)量 | | | | 其他 | |
| 包装情况 | | | | | |
| 原产地/货源地 | | | 报关收费 | 人民币      元 | |
| 其他要求: | | | 承诺说明: | | |
| 背面所列通用条款是本协议不可分割的一部分,对本协议的签署构成了对背面通用条款的同意。 | | | 背面所列通用条款是本协议不可分割的一部分,对本协议的签署构成了对背面通用条款的同意。 | | |
| 委托方签章: | | | 被委托方签章: | | |
| 经办人签字: | | | 报关人员签名: | | |
| 联系电话: | 年 月 日 | | 联系电话: | 年 月 日 | |

### 任务完成情况评价表

(模块二 任务七 工作任务一)

| 项　　目 | 等　　级 | 自评等级 | 互评等级 | 师评等级 |
|---|---|---|---|---|
| 业务知识掌握全面 | A/B/C/D/E | | | |
| 业务分析处理方法得当 | A/B/C/D/E | | | |
| 表达清晰准确 | A/B/C/D/E | | | |
| 业务处理结果正确 | A/B/C/D/E | | | |
| 综合等级：_____ | 重做等级：_____ | (师评等级C以下需重做) | | |
| 任务小结 | | | | |

# 工作任务(二)

扫码获取业务资料，完成报关单填制。

工作任务(二)
背景资料

## 中华人民共和国海关出口货物报关单

| 预录入编号： | | | 海关编号： | | | |
|---|---|---|---|---|---|---|
| 境内发货人 | 出境类别 | | 出口日期 | | 申报日期 | 备案号 |
| 境外收货人 | 运输方式 | | 运输工具名称及航次号 | | 提运单号 | |
| 生产销售单位 | 监管方式 | | 征免性质 | | 许可证号 | |
| 合同协议号 | 贸易国(地区) | | 运抵国(地区) | | 抵运港 | 离境口岸 |
| 包装种类 | 件数 | 毛重/千克 | 净重/千克 | 成交方式 | 运费 | 保费 | 杂费 |

| 随附单证及编号 |
|---|
|  |

| 标记唛码及备注 |
|---|
|  |

| 项号 | 商品编号 | 商品名称及规格型号 | 数量及单位 | 单价/总价/币制 | 原产国(地区) | 最终目的国(地区) | 境内货源地 | 征免 |
|---|---|---|---|---|---|---|---|---|
|  |  |  |  |  |  |  |  |  |
|  |  |  |  |  |  |  |  |  |
|  |  |  |  |  |  |  |  |  |
|  |  |  |  |  |  |  |  |  |

| 特殊关系确认： | 价格影响确认： | 支付特许权使用费确认： | 公式定价确认： | 暂定价格确认： | 自报自缴： |
|---|---|---|---|---|---|
| 报关人员<br>申报单位 | 报关人员证号<br>电话 | 兹申明对以上内容承担如实申报、依法纳税之法律责任<br>申报单位签章 | | | 海关批注及签章 |

**任务完成情况评价表**

(模块二 任务七 工作任务二)

| 项　　目 | 等　　级 | 自评等级 | 互评等级 | 师评等级 |
|---|---|---|---|---|
| 业务知识掌握全面 | A/B/C/D/E | | | |
| 业务分析处理方法得当 | A/B/C/D/E | | | |
| 表达清晰准确 | A/B/C/D/E | | | |
| 业务处理结果正确 | A/B/C/D/E | | | |
| 综合等级：_____ | 重做等级：_____ | (师评等级C以下需重做) | | |
| 任务小结 | | | | |

# 学以明理

扫码阅读，谈谈通关便利化对我国外贸发展的重要作用。

阅读资料

| 项目 | 互评 | 师评 |
|---|---|---|
| 等级A/B/C/D/E | | |
| 评价人 | | |

**综合评价等级：_____**

# 课后测试

知识点自测

# 任务八　填制提单

## 岗位描述

货物装船后，船公司或货运代理需要提供"草单"供客户确认，待客户确认提单填写内容无误后，出具正式的提单。

## 能力需求

你需要掌握：
1. 提单正面主要有哪些栏目内容？
2. 如何填制提单？

## 课前案例

某货运代理公司的小王接到客户来电催促，因为交单期限将至，需要尽快拿到正本提单向银行交单结汇。小王马上填制了提单，并于当天通过快递寄给客户。客户收到提单后，发现收货人一栏填写了买方的公司名称，而信用证要求"make out to order"，同时，提单上也未按信用证要求注明"freight prepaid"，因此，客户提出修改要求。然而待提单修改完成寄到客户手上时，交单期限已过，给客户带来了很大麻烦。请谈谈小王的做法有无不妥。

| 项目 | 互评 | 师评 |
|---|---|---|
| 等级A/B/C/D/E | | |
| 评价人 | | |

综合评价等级：_____

## 业务知识

### 一、提单正面内容

#### (一) 必要记载事项

(1) 货物描述，包括货物的品名、标志、包数或者件数、重量或者体积，以及运输危险货物时对危险性质的说明。

(2) 当事人，包括托运人和收货人的名称、承运人的名称和主营业所。

(3) 运输事项，包括船舶名称和国籍、装货港和在装货港接受货物的日期、卸货港和运输路线，多式联运提单增列接受货物地点和交付货物地点。

(4) 提单的签发，包括提单的签发日期、地点和份数，承运人、船长或者其代理人的签字。

(5) 运费和其他应付给承运人的费用记载。

#### (二) 提单正面条款

提单正面条款是指以印刷的形式，列记于提单正面的以承运人免责和托运人承诺为内容的契约文句，常见条款如下所述。

(1) 装船或收货条款。如："Shipped in board the vessel named above in apparent good order and condition (unless otherwise indicated) the goods or packages specified herein and to be discharged at the above mentioned port of discharge or as near thereto as the vessel may safely get and be always afloat."

译文：上列外表状况良好的货物或包装(除另有说明外)已装在上述指名船只，并应在上列卸货港或该船能安全到达并保持浮泊的附近地点卸货。

(2) 内容不知悉条款。如："The weight, measure, marks, numbers, quality, contents and value, being particulars furnished by the shipper, are not checked by the carrier on loading."

译文：重量、尺码、标志、号数、品质、内容和价值信息由托运人提供，承运人在装船时并未核对。

(3) 承认接受条款。如："The shipper, consignee and the holder of this bill of lading hereby expressly accept and agree to all printed, written or stamped provisions, exceptions and conditions of this bill of lading, including those on the back hereof."

译文：托运人、收货人和本提单持有人兹明白表示接受并同意本提单和它背面所载一切印刷、书写或打印的规定、免责事项条件。

(4) 签署条款。如："In witness whereof, the carrier or his agents has signed bills of lading all of this tenor and date, one of which being accomplished, the others to stand void. shippers are requested to note particularly the exceptions and conditions of this bill of lading with reference to the validity of the insurance upon their goods."

译文：为证明以上各项，承运人或其代理人已签署各份内容和日期一样的正本提单，如果其中一份显示已完成提货手续，其余各份均告失效。要求发货人特别注意本提单中关于该货物保险效力的免责事项和条件。

提单的正面条款　　提单正面栏目内容

## 二、提单填制要求

严格按照信用证以及合同的要求填写提单，否则可能会出现"单证不符"的情况。提单填制说明如表2-9所示。

海运提单填制要求　　提单的种类和特点

表2-9　提单填制说明

| Shipper<br>填写货主单位名称、地址等详细信息，一般是合同的卖方，或者是信用证的受益人 |  | BILL OF LADING<br><br>NO. 必须有提单号码，否则提单无效 |  |
|---|---|---|---|
| Consignee or order<br>记名/指示/不记名收货人，按信用证要求选择，如果不是信用证结算或信用证无要求，按客户要求或惯例来填 |  |  |  |
| Notify party<br>填写收货单位名称、地址等详细信息，或者买方指定的代为收货的单位名称、地址等详细信息 |  | 中国远洋运输(集团)总公司<br>China ocean shipping (group) co.<br><br>Cable:　　　　　　telex:<br>Cosco Peking　　　22264 cpcpk cn<br>Cosco Canton　　　44080 cosca cn<br>Cosco Shanghai　　33057 cosco cn<br>Cosco Tsingtao　　 32037 ocsqd cn |  |
| Pre-carriage by<br>多式联运项目，填写海运前的那段运输的运输方式 | Place of receipt by pre-carrier<br>多式联运项目，填写多式联运的起点 |  |  |
| Ocean vessel  Voy. No.<br>填写实际船名、航次 | Port of loading<br>填写实际装货港 | original |  |
| Port of discharge<br>填写实际卸货港 | Final destination(if goods to be transhipped at the port of discharge)<br>多式联运项目，填写多式联运最终目的地(如果最终目的地为卸货港，此栏不用填) | Freight payable at<br>填写运费支付地点，一般预付时填写装货港，到付时填写目的港 | Number of orignal Bs/L<br>填写正本提单的份数，按信用证要求，如果不是信用证结算或信用证无明确要求，按客户要求或惯例来填 |

(续表)

| Marks & Nos. | Number and kind of pakages | Description of goods | Gross weight/kgs | Measurement/m³ |
|---|---|---|---|---|
| 货物有唛头则照抄在此，无唛头则填写N/M | 填写货物的数量和包装方式(种类) | 填写货物名称、规格 | 填写货物总毛重 | 填写货物体积(概数即可) |

填写交接条款

填写装船日期

填写集装箱数量、箱号、铅封号

不知条款

Total packages(in word)填写货物合计件数(大写)

Freight and charges

一般填写"预付"或者"到付"。习惯上，FOB成交填"collect"，CFR、CIF成交填"prepaid"

Place and date of issue

填写签发地点和日期(不能早于装船日期)

Signed for the carrier

(签发语句)

签发人签章

## 工作任务(一)

扫码获取业务资料,完成工作任务。

工作任务(一)
背景资料

| Shipper | BILL OF LADING |
| --- | --- |
| Consignee or order | 中国远洋运输(集团)总公司<br>China ocean shipping (group) co. |
| Notify party | original |

| Pre-carriage by | Place of receipt by pre-carrier | | |
| --- | --- | --- | --- |
| Ocean vessel Voy. No. | Port of loading | | |
| Port of discharge | Final destination(if goods to be transshipped at the port of discharge) | Freight payable at | Number of orignal Bs/L |

Marks & Nos.　Number and kind of pakages　Description of goods　Gross weight/kgs　Measurement/m³

Total packages(in word)

Freight and charges

Place and date of issue

Signed for the carrier

### 任务完成情况评价表

(模块二 任务八 工作任务一)

| 项　　目 | 等　　级 | 自评等级 | 互评等级 | 师评等级 |
|---|---|---|---|---|
| 业务知识掌握全面 | A/B/C/D/E | | | |
| 业务分析处理方法得当 | A/B/C/D/E | | | |
| 表达清晰准确 | A/B/C/D/E | | | |
| 业务处理结果正确 | A/B/C/D/E | | | |
| 综合等级：_____ | 重做等级：_____ | (师评等级C以下需重做) | | |
| 任务小结 | | | | |

# 工作任务(二)

扫码获取业务资料,完成工作任务。

工作任务(二)
背景资料

| Shipper<br>托运人 | | B/L No. |  |
|---|---|---|---|
| | | 中国对外贸易运输总公司<br>CHINA NATIONAL FOREIGN TRADE<br>TRANSPORTATION CORP.<br>GA<br>联运提单<br>COMBINED TRANSPORT<br>BILL OF LADING | |
| Consignee or order<br>收货人或指示 | | | |
| Notify party | | RECEIVED of the goods in apparent good order and condition as specified below unless otherwise stated herein. The Carrier, in accordance with the provisions contained in this document. | |
| Pre-carriage by<br>前段运输 | Place of receipt by pre-carrier<br>收货地点 | 1. undertakes to perform or to procure the performance of the entire transport from the place at which the goods are taken in charge to the place designated for delivery in this document, and... | |
| Ocean vessel Voy. No.<br>海运船只 | Port of loading<br>装货港 | 2. assumes liability as prescribed in the document for such transport. One of the Bills of Lading must be surrendered duly indorsed in exchange for the goods or delivery order. | |
| Port of discharge<br>卸货港 | Place of delivery<br>交货地点 | Freight payable at<br>运费支付地 | Number of orignal Bs/L<br>正本提单分数 |
| Marks & Nos.<br>标志和号码 | Number and kind of pakages<br>件数和包装种类 | Description of goods<br>货 名 | Gross weight/kgs<br>毛重/千克 | Measurement/m³<br>尺码/立方米 |
| | Above particulars furnished by shipper<br>以上细目由托运人提供 | | | |
| Freight and charges<br>运费和费用 | IN WITNESS where of the number of original Bills of Lading stated above have been signed, one of which beeing accomblished, the other(s) to be void. | | | |
| | Place and date of issue<br>签单地点和日期 | | | |
| | Signed for the carrier<br>代表承运人签字<br><br>as Agent<br>代理 | | | |

### 任务完成情况评价表

(模块二 任务八 工作任务二)

| 项 目 | 等 级 | 自评等级 | 互评等级 | 师评等级 |
|---|---|---|---|---|
| 业务知识掌握全面 | A/B/C/D/E | | | |
| 业务分析处理方法得当 | A/B/C/D/E | | | |
| 表达清晰准确 | A/B/C/D/E | | | |
| 业务处理结果正确 | A/B/C/D/E | | | |
| 综合等级：_____ 重做等级：_____ (师评等级C以下需重做) ||||||
| 任务小结 | | | | |

## 学以明理

扫码阅读，谈谈如何规避因提单业务不规范操作给企业带来的损失。

| 项目 | 互评 | 师评 |
|---|---|---|
| 等级A/B/C/D/E | | |
| 评价人 | | |

综合评价等级：_____

## 课后测试

知识点自测

# 模块三
# 进口业务

任务一　代理报价
任务二　提货业务
任务三　货损处理

# 任务一　代理报价

## 岗位描述

在进口货运代理业务中，从业人员要根据客户需求，完成货物进口代理各环节费用的计算，并向客户报价，以便达成代理协议。

## 能力需求

你需要掌握：

1. 进口货运代理主要有哪些费用？
2. 进口货运代理主要费用如何计算？

## 课前案例

扫码阅读，谈谈你对THC(terminal handling charge，集装箱码头装卸作业费)的认识。

课前案例

| 项目 | 互评 | 师评 |
|---|---|---|
| 等级A/B/C/D/E | | |
| 评价人 | | |

综合评价等级：_____

## 业务知识

### 一、进口代理费用种类

集装箱货物进口代理费用通常包括以下几项。

#### (一) 码头费装卸包干作业费

码头费装卸包干作业费由港方按规定收取，其费率如表3-1所示。

表3-1 码头费装卸包干作业费率(示例)
防城港务集团集装箱公司外贸进出口货物包干作业费率表

| 项目 | 货类 | 箱型 | 出口/元/箱 | 进口/元/箱 | 备注 |
| --- | --- | --- | --- | --- | --- |
| 整箱装/卸汽车 | 一般货物 | 20' | 200 | 300 | 从其他港口转来本港出口的重箱执行此出口费率 |
| | | 40' | 300 | 400 | |
| | 危险货物 | 20' | 300 | 350 | |
| | | 40' | 450 | 500 | |
| | 转港空箱 | 20' | 50 | 100 | "出口"指从他港转本港出口的箱子，"进口"指从本港进口后转其他港口的箱子 |
| | | 40' | 100 | 150 | |
| | 转港重箱 | 20' | 100 | — | "转港重箱"指已在本港安排其他作业项目后转他港的重箱，已完成的作业项目包干费同时计收 |
| | | 40' | 150 | — | |
| 整箱装/卸火车 | 一般货物 | 20' | 350 | 370 | |
| | | 40' | 600 | 640 | |
| | 危险货物 | 20' | 390 | 430 | |
| | | 40' | 680 | 760 | |
| | 空箱 | 20' | 200 | 200 | |
| | | 40' | 340 | 340 | |
| 卸汽车直装箱/拆箱直装汽车 | 一般货物 | 20' | 460 | 510 | 凡超过22t的，每柜加收50元，即出口按510元/箱、进口按560元/箱计收 |
| | | 40' | 700 | 860 | |
| | 危险货物 | 20' | 660 | 760 | 凡超过22t的，每柜加收80元，即出口按740元/箱、进口按840元/箱计收 |
| | | 40' | 980 | 1080 | |

(续表)

| 项目 | 货类 | 箱型 | 出口/元/箱 | 进口/元/箱 | 备注 |
|---|---|---|---|---|---|
| 卸火车直装箱/拆箱直装火车 | 一般货物 | 20' | 600 | 690 | 凡超过22t的,每柜加收60元,即出口按660元/20'、进口按750元/20'计收 |
| | | 40' | 880 | 950 | |
| | 危险货物 | 20' | 850 | 900 | 凡超过22t的,每柜加收90元,即出口按940元/20'、进口按990元/20'计收 |
| | | 40' | 1150 | 1250 | |
| 卸汽车进库后装箱/拆箱进库后装汽车 | 一般货物 | 20' | 610 | 680 | 凡超过22t的,每柜加收60元,即出口按670元/20'、进口按740元/20'计收 |
| | | 40' | 850 | 950 | |
| | 危险货物 | 20' | 830 | 900 | 凡超过22t的,每柜加收90元,即出口按920元/20'、进口按990元/20'计收 |
| | | 40' | 1050 | 1140 | |
| 卸火车进库后装箱/拆箱进库后装火车 | 一般货物 | 20' | 680 | 760 | 凡超过22t的,每柜加收80元,即出口按760元/20'、进口按840元/20'计收 |
| | | 40' | 1060 | 1200 | |
| | 危险货物 | 20' | 930 | 1060 | 凡超过22t的,每柜加收100元,即出口按1030元/20'、进口按1160元/20'计收 |
| | | 40' | 1210 | 1300 | |

备注:
1. 上述费率包干内容除列明项目外,还包含港务费、港建费、装/拆箱理货费。
2. 免费堆存期为10天,超期箱内一般货物按5元/20'天、10元/40'天计收,危险货物按10元/20'天、20元/40'天计收;库场内货物按0.3元/每计费吨天(危险品加收50%)计收。
3. 作业地点指集司库场或集司专用线范围内,此范围外作业另计转栈费,转栈费率另议。
4. 超重、超长、超大、散装、特殊包装和需进行特殊作业等的特种货物价格另议。
5. 本费率表所指货类不含冷藏货物,冷藏货物费率另作规定。
6. 本费率表由防城港务集团集装箱公司负责解释。
7. 本费率表自2005年3月15日00:00起实行。

**(二) 集装箱码头装卸作业费**

集装箱码头装卸作业费(terminal handing charge,THC) 简称码头操作费,也叫码头处理费,它是国际班轮公会和航线组织联合从2002年1月15日起向中国货主征收的附加费用,收费标准为RMB370/20'、560R/40',近年来THC还在不断提高。THC费率如表3-2所示。

表3-2 马士基THC费率(示例)

**MAERSK**  Customer Advisory

**码头操作费(THC)收费标准调整公告**

尊敬的客户：

您好！

为了持续为您提供全球服务，我司决定于2019年3月20日(运费起算日)起对华东和华北地区的码头操作费[THC，包括起运港码头操作费(OHC)及目的港码头操作费(DHC)]的收费标准做出如下调整。

| 收费项目 | 始发港 | 目的港 | 货物类型 | 柜型 | 币种 | 费率 | 征收标准 |
|---|---|---|---|---|---|---|---|
| 起运港码头操作费 | 华东、华北港口 | 全球 | 干货 | 20英尺干柜 | 人民币 | 563 | 每集装箱 |
|  |  |  | 冷冻货 | 20英尺冻柜 | 人民币 | 723 | 每集装箱 |
|  |  |  | 干货 | 20英尺特种柜 | 人民币 | 723 | 每集装箱 |
|  |  |  | 干货 | 40英尺柜/高柜 | 人民币 | 856 | 每集装箱 |
|  |  |  | 干货 | 40英尺特种柜 | 人民币 | 1061 | 每集装箱 |
|  |  |  | 冷冻货 | 40英尺冻柜/高冻柜 | 人民币 | 1061 | 每集装箱 |
|  |  |  | 干货 | 45英尺干柜 | 人民币 | 1256 | 每集装箱 |
| 目的港码头操作费 | 全球(除美国、加拿大、关岛和维尔京群岛外) | 华东、华北港口 | 干货 | 20英尺干柜 | 人民币 | 563 | 每集装箱 |
|  |  |  | 冷冻货 | 20英尺冻柜 | 人民币 | 723 | 每集装箱 |
|  |  |  | 干货 | 20英尺特种柜 | 人民币 | 723 | 每集装箱 |
|  |  |  | 干货 | 40英尺干柜/高柜 | 人民币 | 856 | 每集装箱 |
|  |  |  | 干货 | 40英尺特种柜 | 人民币 | 1061 | 每集装箱 |
|  |  |  | 冷冻货 | 40英尺冻柜/高冻柜 | 人民币 | 1061 | 每集装箱 |
|  |  |  | 干货 | 45英尺干柜 | 人民币 | 1256 | 每集装箱 |
| 目的港码头操作费 | 美国，加拿大、关岛和维尔京群岛 | 华东、华北港口 | 干货/冷冻货 | 20英尺 | 美元 | 126 | 每集装箱 |
|  |  |  | 干货/冷冻货 | 40英尺 | 美元 | 157 | 每集装箱 |
|  |  |  | 干货/冷冻货 | 45英尺 | 美元 | 157 | 每集装箱 |

为便于贵司参考，我司在此列出部分往返欧洲航线自今日起至另行通知之日的收费标准与收费结构作为示例。该收费标准今后可能调整，我司将另行通知。

## (三) 陆上转运费用

铁路集装箱运输实行"一口价"，按铁路运价费率表计收，如表3-3所示。

铁路集装箱运费计算公式为

铁路集装箱运费=发到基价×箱数+(运行基价×运价里程)×箱数

表3-3 铁路运价费率(示例)

| 办理类别 | 货价号及箱型 | 发到基价 | | 运行基价 | |
|---|---|---|---|---|---|
| | | 单位 | 标准 | 单位 | 标准 |
| 整车 | 1 | 元/吨 | 4.60 | 元/吨公里 | 0.0212 |
| | 2 | 元/吨 | 5.40 | 元/吨公里 | 0.0243 |
| | 3 | 元/吨 | 6.20 | 元/吨公里 | 0.0284 |
| | 4 | 元/吨 | 7.00 | 元/吨公里 | 0.0319 |
| | 5 | 元/吨 | 7.90 | 元/吨公里 | 0.0360 |
| | 6 | 元/吨 | 8.50 | 元/吨公里 | 0.0390 |
| | 7 | 元/吨 | 9.60 | 元/吨公里 | 0.0437 |
| | 8 | 元/吨 | 10.70 | 元/吨公里 | 0.0490 |
| | 9 | 元/吨 | 11.20 | 元/吨公里 | 0.1500 |
| | 冰保 | 元/吨 | 8.30 | 元/吨公里 | 0.0455 |
| | 机保 | 元/吨 | 9.80 | 元/吨公里 | 0.0675 |
| 零担 | 21 | 元/吨 | 0.087 | 元/吨公里 | 0.000365 |
| | 22 | 元/10千克 | 0.104 | 元/10千克公里 | 0.000438 |
| | 23 | 元/10千克 | 0.125 | 元/10千克公里 | 0.000526 |
| | 24 | 元/10千克 | 0.150 | 元/10千克公里 | 0.000631 |
| 集装箱 | 1吨箱 | 元/箱 | 7.40 | 元/箱公里 | 0.00329 |
| | 5吨箱 | 元/箱 | 57.00 | 元/箱公里 | 0.2525 |
| | 10吨箱 | 元/箱 | 86.20 | 元/箱公里 | 0.3818 |
| | 20英尺箱 | 元/箱 | 161.00 | 元/箱公里 | 0.7128 |
| | 40英尺箱 | 元/箱 | 314.70 | 元/箱公里 | 1.3935 |

**(四) 货运代理费**

货运代理费是由货主支付给货运代理的报酬，按照双方商定执行。

## 二、代缴费用

报关费、报检费、关税和增值税等费用，可以商定由货运代理代缴，根据实际发生费用以票据结算。

代理协议样本

铁路运输费用构成及计算

集装箱进口货物提货流程

# 工作任务(一)

扫码获取业务资料,完成工作任务。

工作任务(一)
背景资料

---

**任务完成情况评价表**

(模块三 任务一 工作任务一)

| 项 目 | 等 级 | 自评等级 | 互评等级 | 师评等级 |
|---|---|---|---|---|
| 业务知识掌握全面 | A/B/C/D/E | | | |
| 业务分析处理方法得当 | A/B/C/D/E | | | |
| 表达清晰准确 | A/B/C/D/E | | | |
| 业务处理结果正确 | A/B/C/D/E | | | |

综合等级:_____　　重做等级:_____　　(师评等级C以下需重做)

| 任务小结 | |
|---|---|
| | |

## 工作任务(二)

扫码获取业务资料,完成工作任务。

**任务完成情况评价表**

(模块三 任务一 工作任务二)

| 项目 | 等级 | 自评等级 | 互评等级 | 师评等级 |
|---|---|---|---|---|
| 业务知识掌握全面 | A/B/C/D/E | | | |
| 业务分析处理方法得当 | A/B/C/D/E | | | |
| 表达清晰准确 | A/B/C/D/E | | | |
| 业务处理结果正确 | A/B/C/D/E | | | |

综合等级:_____  重做等级:_____  (师评等级C以下需重做)

| 任务小结 | |
|---|---|
| | |

## 学以明理

扫码阅读,谈谈天津港减免部分港口作业费用如何体现出我国的制度优势。

| 项目 | 互评 | 师评 |
|---|---|---|
| 等级A/B/C/D/E | | |
| 评价人 | | |

综合评价等级:_____

## 课后测试

知识点自测

## 任务二  提货业务

### 岗位描述

与客户签订代理协议后,货运代理应索取相关单证,完成报关报检,换取提货单,办理集装箱交接手续,办理港口作业申请手续等,送货后要及时安排还箱。

### 能力需求

你需要掌握:

1. 怎样换取提货单?
2. 提货方式有哪些?如何办理?
3. 怎样办理集装箱交接手续和港口作业申请手续?
4. 滞箱费如何产生?如何申请减免滞箱费?

### 课前案例

扫码阅读,谈谈除了"船边直提"还有哪些提货方式。

| 项目 | 互评 | 师评 |
| --- | --- | --- |
| 等级A/B/C/D/E | | |
| 评价人 | | |

综合评价等级:_____

# 业务知识

## 一、换取提货单

货运代理需向船公司或其代理换取提货单,如表3-4所示。进口报关完毕后,海关在提货单上加盖放行章,货运代理方可到集装箱码头或货运站办理提货手续。

表3-4 提货单(示例)

**中国外轮代理公司上海分公司**

CHINA OCEAN SHIPPING AGENCY SHANGHAI BRANCH

## 提 货 单
### DELIVERY ORDER     No.0043601

致:_____港区、场、站

收货人:_____

下列货物已办妥手续,运费结清,准予交付收货人。

| 船名 | | 航次 | | 起运港 | | 目的地 | |
|---|---|---|---|---|---|---|---|
| 提单号 | | 交付条款 | | 到付海运费 | | | |
| 卸货地点 | | 到达日期 | | 进库场日期 | | 第一程运输 | |
| 标记与集装箱号 | | 货 名 | | 集装箱数 | 件 数 | 重量/kgs | 体积/m³ |
| | | | | | | | |
| | | | | | | | |
| | | | | | | | |
| | | | | | | | |
| | | | | | | | |
| | | | | | | | |
| | | | | | | | |
| 请核对放货 | | | | | | 中国外轮代理公司上海分公司 年 月 日 | |
| 凡属法定检验、检疫的进口商品,必须向有关监督机构申报 | | | | | | | |
| 收货人章 | | 海关章 | | | | | |
| 1 | | 2 | | 3 | | 4 | |
| 5 | | 6 | | 7 | | 8 | |

## (一) 凭正本提单换取提货单

原则上,承运人在任何情况下都应凭正本提单交付货物,代理人凭正本提单向船公司或其代理换取提货单。

## (二) 凭保函换取提货单

如无正本提单,船公司及其代理为保障自己的利益,会要求收货人凭保函换取提货单。

### 1. 凭银行保函

卸货港代理向提货人提供船公司提单保函的标准格式,要求提货人按此格式出具保函并要求由一流银行在保函上签字盖章(法人章、担保专用章或进出口业务专用章)。卸货港代理请装货港代理联系提单上的发货人,取得发货人同意在此情况下将货物放给提货人的书面保证,提货人就可以办理提货手续了。

### 2. 凭协议保函

针对那些与集装箱班轮公司有良好合作关系且实力雄厚、信誉良好的大货主,船公司同意接受其公司出具的保函并签署相关协议。协议签署后,提货人只要按票出具提货保函,便可及时提货。

### 3. 凭支票或现金担保

原则上,船公司可以接受收货人提供的支票或现金担保,但金额至少应是货价的200%。

## (三) 电放业务换单

如果是电放业务,无须正本提单,凭电放提单传真件或电放号和电放保函即可换取提货单。电放业务换单有以下几种形式。

(1) 签电放信,或称为电放书。

(2) 签电放提单,提单签发者在正本或副本提单上盖上电放章。在电放实务中,常见的电放章有SURRENDERED或TELEX RELEASED。提单上盖有电放章,即宣告该提单作废。需要注意,实务中的"电放提单"是指盖有电放章的正本提单或副本提单,而不是其他特殊提单。

(3) 电子通知。由提单签发者以电报、传真或E-mail方式,通知其目的港代理,出示收货方身份证明即可放货。

(4) 电放号。此方法更简便,具体做法是在货物到港前,船公司提供一个电放号,买方凭电放号去目的港换取提货单。

# 二、作业申请

货运代理提前联系场站并确认好提箱费、掏箱费、装车费、回空费等细节,填制"作业申请书",如表3-5所示,完成作业申请。

**表3-5　作业申请书(示例)**
**南宁鸿运货运代理公司**
**作业申请书(外拖作业)**

编号：NNHYO80503

防城港务集团集装箱公司：

　　我司现有以下集装箱/货物申请贵司安排作业，有关涉及海关或商检等手续已办妥，具体作业要求如下，请贵司安排为荷。

| 货主单位 | 明阳进出口公司 | | |
|---|---|---|---|
| 付款单位 | 南宁鸿运货运代理公司 | 目的港 | 防城港 |
| 船名/航次 | COSCO HONGFEI V. 7206W | 船期 | 2021年05月08日 |
| 提单号 | SHEU0875210 | 作业方式 | 出口空箱外拖 |
| 箱主 | COSCON | | ☑进口重箱外拖 |
| 箱量/箱型 | 2×20'GP | 货名 | 桐油 |
| 车牌号 | 桂P HY001 | 外拖地址 | 南宁市 |
| 经办人及联系电话 | 值班电话：6100123 | 提箱时间 | 5月3日 |
| 箱号/铅封号 | CNTR NO. COSU3333123<br>CNTR NO. COSU3333125 | | |
| 作业要求 | | | |

附：进口箱应于船期前2天下达作业申请书。

申请单位(盖章)：南宁鸿运货运代理公司
2021年05月03日

## 三、办理集装箱交接

　　货运代理凭背书的正本提单(电放放货的传真件和保函)去船公司或船代的箱管部办理设备交接单，再到箱管部办理进口集装箱超期使用费、卸箱费、进口单证费等费用的押款手续，方可将集装箱拖离码头发往卸货地。

## 四、提货和还箱

### (一) 提货

　　收货人凭记载完成报关、报检手续的提货单到指定地点提取货物。

**1. 仓库提货**

　　仓库提货(delivery ex-warehouse)是指货物抵达港口后，在未通关时将货物卸入码头仓库，进口商在提货之前，应先办妥进口报关手续，由海关验关后在提货单上加盖放行章，并交承运人或其代理签字，提交港务当局计算卸货及仓储等费用。在缴清相关费用后换取出仓单，再将提货单和出仓单交给仓库管理人员，经核销仓单，即可提货。

### 2. 船边提货

船边提货(shipside delivery；delivery at ship's side)是指进口货物不卸入码头仓库，而是在船边直接交给进口商(收货人)的提货方式。船边提货须经海关在船边验放，因此，进口货物须符合规定，才可预先申报。此类货物一般包括：鲜货，易腐货物，危险品及活动植物；大宗散装货物；生产企业进口自用的机器设备；海关保税工厂、进口外销货物；政府机构或事业单位的进口物品；免税或免验货物等。

### 3. 集装箱堆场或货运站提货

若进口货物为整箱货，进口商通常在集装箱堆场提货；若进口货物为拼箱货，进口商应在集装箱货运站提货。

## (二) 还箱

卸货后，应尽快安排还箱。船公司为了保护自己的利益，一般规定集装箱有7天或10天的免费用箱时间，超过此时间就要分时间段按不同标准收取滞箱费。用箱人也可以根据不同航线还箱时间的差异，在起运港向船公司箱管部门申请延长免费用箱时间。如果由于客观原因产生了较多的滞箱费，也可以向船公司箱管部门申请减免部分滞箱费。免箱期和滞箱费申请表如表3-6所示。

**表3-6 免箱期和滞箱费申请表**

申请日期：　　年　　月　　日

| 费用发生地 | | 性质 | DEM□　DET□ | 航线 | |
|---|---|---|---|---|---|
| 船名/航次 | | | | 结算情况 | 已结[ ] 未结[ ] |
| 航线名称 | | | | | |
| 装港 | | 卸港 | | 抵港日期 | |
| 提单号 | | | | | |
| 箱型/箱量 | | | | | |
| 发货人 | | | | | |
| 收货人 | | | | | |
| 申请方 | | | | | |
| 已有批复情况 | | | | | |
| 申请超期天数或预计滞箱费总额 | | | | | |

(续表)

| 减免理由和要求 | |
|---|---|

1. 以上信息由申请人如实填写,并对所申请内容负责。如果申请内容与实际情况不符,箱管中心有权宣布已批复的减免无效。
2. 滞箱费金额在10 000RMB以上的申请,必须附客户书面申请和口岸公司主管领导书面意见

| 市场部/内贸部/商务部建议 | |
|---|---|
| 箱管中心批复 | |
| 批复编号 | | 批复日期 | 年 月 日 |

提货的流程步骤

集装箱交接标准

货运代理进口流程

# 工作任务(一)

工作任务(一)
背景资料

扫码获取业务资料，完成工作任务。

作业申请书(　　　　)

编号：

防城港务集团集装箱公司：

  我司现有以下集装箱/货物申请贵司安排作业，有关涉及海关或商检等手续已办妥，具体作业要求如下，请贵司安排为荷。

| 货主/代理 | | | |
|---|---|---|---|
| 付款单位 | | 目的港 | |
| 船名/航次 | | 船期 | 年　月　日 |
| 提单号 | | 作业方式 | □ 出口空箱外拖 |
| 箱主 | | | □ 进口重箱外拖 |
| 箱量/箱型 | | 货名 | |
| 车牌号 | | 外拖地址 | |
| | | 提箱时间 | |
| 箱号/铅封号 | | | |
| 作业要求 | | | |

附：出口箱需于船期前2天下达作业申请书。

申请单位(盖章)：<br/>年　月　日

## 提货保函(L/G)

致：_____

对于以下所述货物：_____

船名/航次：_____

提 单 号：_____

件 　 数：_____

重 　 量：_____

尺 　 码：_____


发货人已安排上述货物由上述船舶运抵青岛，我司现申请贵司无正本提单放货给我司，我司作为收货人将承担无正本提单放货而产生的一切风险、责任和损失。

凡因此无正本提单放货产生的任何争议，双方将通过友好协商的方式解决。

如协商无法达成一致，管辖法院为青岛海事法院。

收货人签字(公司盖章)：_____

日期：_____年____月____日

## 任务完成情况评价表

(模块三 任务二 工作任务一)

| 项　　目 | 等　　级 | 自评等级 | 互评等级 | 师评等级 |
|---|---|---|---|---|
| 业务知识掌握全面 | A/B/C/D/E | | | |
| 业务分析处理方法得当 | A/B/C/D/E | | | |
| 表达清晰准确 | A/B/C/D/E | | | |
| 业务处理结果正确 | A/B/C/D/E | | | |
| 综合等级：_____ | 重做等级：_____ | (师评等级C以下需重做) | | |
| 任务小结 | | | | |

# 工作任务(二)

工作任务(二)
背景资料

扫码获取业务资料,完成工作任务。

**免箱期和滞箱费申请表**

申请日期:　　年　　月　　日

| 费用发生地 | | 性质 | DEM□　DET□ | 航线 | |
|---|---|---|---|---|---|
| 船名/航次 | | | | 结算情况 | 已结[ ] 未结[ ] |
| 航线名称 | | | | | |
| 装港 | | 卸港 | | 抵港日期 | |
| 提单号 | | | | | |
| 箱型/箱量 | | | | | |
| 发货人 | | | | | |
| 收货人 | | | | | |
| 申请方 | | | | | |
| 已有批复情况 | | | | | |
| 申请超期天数或预计滞箱费总额 | | | | | |
| 减免理由和要求 | | | | | |
| 1. 以上信息由申请人如实填写,并对所申请内容负责。如果申请内容与实际情况不符,箱管中心有权宣布已批复的减免无效。<br>2. 滞箱费金额在10 000RMB以上的申请,必须附客户书面申请和口岸公司主管领导书面意见 | | | | | |
| 市场部/内贸部/商务部建议 | | | | | |
| 箱管中心批复 | | | | | |
| 批复编号 | | 批复日期 | | 年　　月　　日 | |

## 任务完成情况评价表

(模块三 任务二 工作任务二)

| 项　　目 | 等　　级 | 自评等级 | 互评等级 | 师评等级 |
|---|---|---|---|---|
| 业务知识掌握全面 | A/B/C/D/E | | | |
| 业务分析处理方法得当 | A/B/C/D/E | | | |
| 表达清晰准确 | A/B/C/D/E | | | |
| 业务处理结果正确 | A/B/C/D/E | | | |
| 综合等级：_____ | 重做等级：_____ | (师评等级C以下需重做) | | |
| 任务小结 | | | | |

## 学以明理

扫码阅读，谈谈智能化码头发展给货运代理业务带来的变革。

阅读资料

| 项目 | 互评 | 师评 |
|---|---|---|
| 等级A/B/C/D/E | | |
| 评价人 | | |

综合评价等级：_____

## 课后测试

知识点自测

# 任务三　货损处理

## 岗位描述

集装箱运输从业人员要熟知集装箱运输的交接方式，根据不同的需要合理选择交接条款；要清楚不同交接状态下的责任划分，在业务中规避风险，在出现争议时能提出解决方案。

## 能力需求

你需要掌握：

1. 集装箱货物在哪里交接？有几种交接方式？
2. 如何确定不同交接方式下集装箱货物的交接状态？
3. 如何划分集装箱货物交接责任？
4. 如何处理集装箱货物损坏？

## 课前案例

扫码阅读，谈谈集装箱运输货损的原因及处理办法。

课前案例

| 项目 | 互评 | 师评 |
| --- | --- | --- |
| 等级A/B/C/D/E | | |
| 评价人 | | |

综合评价等级：_____

## 业务知识

### 一、集装箱货物交接地点、方式和状态

集装箱货物交接指的是在何地、以何状态、由何人将货物交给另一个人。比如，托运人在其仓库将货物交给承运人，这就是一种交接方式。

#### (一) 集装箱货物交接地点

集装箱货物通常在以下三个地点交接。

(1) 门(DOOR)，通常指收发货人仓库。

(2) 集装箱货运站(container freight station，CFS)。

(3) 集装箱堆场(container yard，CY)。

#### (二) 集装箱货物交接方式

三个交接地点可组合成九种交接方式，如图3-1所示。

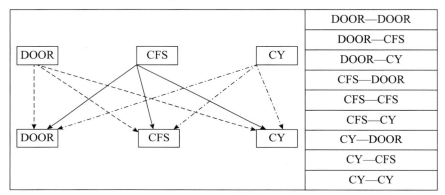

图3-1　九种集装箱货物交接方式

#### (三) 集装箱货物交接状态

集装箱货物按交接状态可分为整箱交接和拼箱交接。

集装箱整箱运输流程

**1. 整箱交接**

整箱通常指箱内货物属于一个发货人和一个收货人的集装箱货流形式。整箱交接(full container load，FCL)指发货人、收货人与承运人之间交接的货物为整箱的交接方式。

**2. 拼箱交接**

拼箱通常指箱内货物属于多个发货人和多个收货人的集装箱货流形式。拼箱交接(less than container load，LCL)指发货人、收货人与承运人之间交接的货物为拼箱的交接方式。

#### (四) 集装箱货物交接地点与状态的关系

通常，在CY和DOOR交接属于整箱交接，在CFS交接属于拼箱交接，如表3-7所示。

表3-7 不同交接方式的交接状态

| 交接方式 | 承运人接货状态 | 承运人交货状态 |
| --- | --- | --- |
| DOOR—DOOR | FCL | FCL |
| DOOR—CFS | FCL | LCL |
| DOOR—CY | FCL | FCL |
| CFS—DOOR | LCL | FCL |
| CFS—CFS | LCL | LCL |
| CFS—CY | LCL | FCL |
| CY—DOOR | FCL | FCL |
| CY—CFS | FCL | LCL |
| CY—CY | FCL | FCL |

## 二、集装箱货物交接责任

集装箱货物交接责任根据交接时的状态来确定，整箱交接和拼箱交接时，各责任方的责任有所不同。

### (一) 交付人的责任

**1. 整箱交接责任**

整箱交接时，交付人完好交付的条件包括以下几个。

(1) 箱号正确。

(2) 铅封完好。

(3) 箱体无损。

也就是说，只要交付人交付的集装箱外观良好就算完好交付，交付人对箱内货物的完好不承担责任，除非有明确相反证据。

**2. 拼箱交接责任**

拼箱交接时，交付人完好交付的条件包括以下几个。

(1) 货物数量正确。

(2) 货物外观完好。

也就是说，只要交付人交付的货物外观良好、数量正确就算完好交付，交付人对包装内货物的完好不承担责任，除非有明确相反证据。

### (二) 承运人的责任

集装箱货物责任区间的划分

在不同交接方式下，承运人责任区间不同、费用不同，交接状态和交接责任也不同。比如，DOOR—DOOR，指的是托运人在其仓库将货物交付给承运人，而承运人在收货人仓库将货物交付给收货人，承运人的责任区间是DOOR—DOOR。DOOR—DOOR相比CY—CY，承运人责任区间更长，因此，运价更高。

### 三、集装箱货物进口货损处理

#### (一) 收货人

收货人实际收到的集装箱或货物与持有的提单记载不符，即有短少、损坏、灭失等情况，经查证应由承运人负责的，收货人可通过代理公司向承运人提出索赔。如货物已投保险，收货人可直接向保险公司索赔，再委托保险公司代位追偿。

#### (二) 船公司

船舶发生共同海损时，收货人必须提供海损协议书、共同海损货物保价单、现金保证或由保险公司签具的保证书等单证。

发生货损货差时，因船舶代理公司事先不知，故收货人可以要求在提货单上批注，同时向装卸区索取短缺单或残损单，以便办理索赔。

#### (三) 集装箱货运站

拼箱交接时，在拆箱前，应联系海关派员监督，会同检验员打开铅封，如有异状，应在溢短残损单上批注。启封后，立即卸货，由理货员对照货运舱单或提单副本及装箱单核对货运资料，即货名、标志、件数以及外表情况，如有异状，也应在溢短残损单上批注。

货运站根据船舶代理公司签发的提货单，并对照出口港所寄的装箱单、提单副本，审核单货是否一致，如有不符，应及时联系代理公司解决。此外，还须核查收货人是否持有效的进口许可证或内陆运输证，然后双方一同验点货物，在提货单上签字，完成交货手续，如有异状，应在交货记录上批注。如货物有溢短，则理货员应编制溢短残损单，分送船公司及集装箱管理处。

# 工作任务(一)

扫码获取业务资料，完成工作任务。

工作任务(一)
背景资料

<br><br><br><br><br><br><br><br><br><br><br><br><br><br><br><br><br>

**任务完成情况评价表**

(模块三 任务三 工作任务一)

| 项　　目 | 等　　级 | 自评等级 | 互评等级 | 师评等级 |
|---|---|---|---|---|
| 业务知识掌握全面 | A/B/C/D/E | | | |
| 业务分析处理方法得当 | A/B/C/D/E | | | |
| 表达清晰准确 | A/B/C/D/E | | | |
| 业务处理结果正确 | A/B/C/D/E | | | |
| 综合等级：_____ | 重做等级：_____ | (师评等级C以下需重做) | | |
| 任务小结 | | | | |

# 工作任务(二)

扫码获取业务资料，完成工作任务。

工作任务(二)
背景资料

| 收件人 | |
|---|---|
| 主题 | |
| 正文 | |

## 任务完成情况评价表

(模块三 任务三 工作任务二)

| 项　　目 | 等　　级 | 自评等级 | 互评等级 | 师评等级 |
|---|---|---|---|---|
| 业务知识掌握全面 | A/B/C/D/E | | | |
| 业务分析处理方法得当 | A/B/C/D/E | | | |
| 表达清晰准确 | A/B/C/D/E | | | |
| 业务处理结果正确 | A/B/C/D/E | | | |

综合等级：_____　　　重做等级：_____　　　(师评等级C以下需重做)

| 任务小结 | |
|---|---|

## 学以明理

扫码阅读，谈谈中欧班列的优势以及其能否取代传统海运。

| 项目 | 互评 | 师评 |
|---|---|---|
| 等级A/B/C/D/E | | |
| 评价人 | | |

综合评价等级：_____

## 课后测试

知识点自测

# 参考文献

[1] 曹允春. 国际航空货运代理理论与实务[M]. 北京：中国商务出版社，2010.
[2] 李飞诚，戴璐. 国际货运代理实务[M]. 北京：北京交通大学出版社，2022.
[3] 江明光. 集装箱运输实务[M]. 2版. 北京：北京理工大学出版社，2019.
[4] 苏兆河. 世界技能大赛项目实训指导[M]. 北京：中国劳动社会保障出版社，2021.
[5] 王青. 大赛引领的集装箱运输实务课程改革[J]. 管理观察，2019(21)：147-149.